法眼观天下

罗杰奇　著

知识产权出版社
全国百佳图书出版单位

图书在版编目（CIP）数据

法眼观天下／罗杰奇著．—北京：知识产权出版社，2016.9

ISBN 978-7-5130-4453-0

Ⅰ.①法… Ⅱ.①罗… Ⅲ.①案例—中国 Ⅳ.①D920.5

中国版本图书馆 CIP 数据核字（2016）第 219637 号

责任编辑：雷春丽　　责任出版：刘译文

封面设计：SUN 工作室　韩建文

法眼观天下

罗杰奇　著

出版发行：知识产权出版社有限责任公司　　网　　址：http：//www.ipph.cn

社　　址：北京市海淀区西外太平庄 55 号　　邮　　编：100081

责编电话：010-82000860 转 8004　　责编邮箱：leichunli@cnipr.com

发行电话：010-82000860 转 8101/8102　　发行传真：010-82000893/82005070/82000270

印　　刷：北京嘉恒彩色印刷有限责任公司　　经　　销：各大网上书店、新华书店及相关专业书店

开　　本：720mm×1000mm　1/16　　印　　张：9.75

版　　次：2016 年 9 月第 1 版　　印　　次：2016 年 9 月第 1 次印刷

字　　数：118 千字　　定　　价：28.00 元

ISBN 978-7-5130-4453-0

自 序

“怎么又辞了!”这是一位发小与我在京郊见面时的问候语,话语间饱含关心、关爱,也略带些许不解、疑惑。“是啊,怎么又辞了”,近来,我也不时反躬自省,难道你是位喜新厌旧、始乱终弃的主?

想当初,迎着新千年的第一缕霞光,年少轻狂的我,仅二八年华,就步入杏坛,也算是年少得志,只是令人意外的是,仅数年后,也许是厌倦了日复一日的重复性劳动,也许是不甘于此生仅囿于乡梓的一亩三分地,即便是面对着被称之为太阳底下最光辉的职业——教师,我还是怀揣着“世界这么大,我想出去看看”的信念毅然决然地挂冠而去。

现如今,司法改革正如火如荼,法官职业前景向好,况且还是在帝都法院,而在此时,你却选择离开。也许,有人会说你真是位爱折腾的主,也许恐怕还有人会追问你这样折腾的意义,这样折腾就一定能成为人生赢家?

对于此类追问,坦率地讲,我无法给你一个确定性的答案。不过,窃以为,人生的真正魅力正是源自于某种不确定性,而这种不确定性正是“折腾人生”的意义所在。本人以为,每日按部就班、不折腾的人生想必也是够无趣乏味的人生,记得诗人汪国真曾说“我不去想是否能够成功,既然选择了远方 ,便只顾风雨兼程”。这句诗,一直激励着我砥砺前行。

其实,人生不断折腾的过程也是一个不断提升自我、挑战自我的过程，试想，如果仅以某种情怀为借口而整日不思进取，苟安于现状，是不是也是一种精神的懒惰，是不是也是另外的一种懦弱？所谓“不折腾的人生”，是不是也枉少年呢！

近年来，身边数位同事因故逝去，强烈地震撼着我的心灵，漫漫人生路，其实也许并不像想象中的那样漫长，有时，一个不经意间的意外也许就是生死两茫茫。古人云，三十而立，大概是说一个人只有过了三十岁才能够自立自强，才能够确信自己前行的路。岁月如梭，不经意间，曾经的风华少年亦早已三十而立，是调整人生航向的时候了！

人生在世，窃以为最值得留恋之物，无非是婚姻与事业，如果说婚姻的真谛在于坚贞与坚守，那么事业的意义则在于调适与改变。保尔·柯察金有句名言“人生最宝贵的是生命，生命属于人只有一次，一个人的生命应当这样度过，当他回忆往事的时候，他不致因虚度年华而悔恨，也不致因碌碌无为而羞愧”。现如今，我也曾无数次地问自己，在临死的时候，我是否能够真正的做到“不致因虚度年华而悔恨，不致因碌碌无为而羞愧”。虽然无法预知未来，不过，我现在给出的答案则是无怨无悔！

庚寅年司职法院，案牍劳形之余，好读书，犹以史书为最，不求甚解，倘有感悟，喜见之于文字，舞文弄墨，激扬文字，或儿女情长，或畅游天下，或指点江山，凡此种种，不一而足……数年来，洋洋洒洒，数万言矣，今结集出版，名曰《法眼观天下》，算是可喜可贺！

最后，借用马云的一句名言自勉，“梦想还是要有的，万一实现了呢”，同时祝福自己在人生路上能够一路前行，期待自己小宇宙的爆发，权且当作自序吧！

罗杰奇

2016年8月20日

目　录

第一章

CHAPTER 1

法边史缘

法官当如邹碧华

邹碧华者，江西奉新人，奉新古时属袁州府，亦可称其为袁州人。其乡梓之地，山明水秀、风光旖旎、物华天宝、人杰地灵，古有农学家宋应星，著述《天工开物》，青史留名；今有法学家邹碧华，纵论《要件审判九步法》，颇有声誉。

碧华一家，昆仲三人，其排行居首，身为长子，其父对其期许甚深，故取名曰碧华，寄寓碧丽中华，光耀天下之意。碧华幼时，天资聪颖，敏而好学，功课常名列前茅，乡党皆深以为能，攻读之余，偶与诸发小玩闹嬉戏，亦从不落于人后。

甲子年盛夏，吉隆之喜，碧华鲤鱼跃龙门，以奉新县榜眼考入未名湖畔，以经济法为业，大学之际，流连于象牙塔下，缠绵于未名湖畔，学业爱情，比翼齐飞，毕业之际，因为爱情，双宿双飞，种种机缘，就职申城高法，遂定居于申城。

邹碧华者，学识渊博，人品贵重，能力超群，琴棋书画，样样精通，或曰法曹中之千里驹，幸得伯乐赏识，遂成就一番功业。就职务道来，碧华历经书记员、助审员、审判员、副庭长、副院长，如芝麻开花节节高；就学历而言，碧华从本科、硕士、博士，拾级而上，水到渠成。

甲午年金秋，秋风送爽，四中全会，喜讯频传，决议以司法改革为径，建法治之理想国，朝野上下，皆群情激昂，欢欣鼓舞。申城之地，晚近以降,经济发达、文化昌盛,申城高法,领风气之先,甘当司改试验田,堪称司改领头羊,邹碧华者,无论学养人品,抑或是经验能力,皆为上乘,故有幸担纲上海司改之小操盘手。司法改革,方兴未艾,渐入佳境,法官员额制、司法精英化,有板有眼,小有成就,政界、学界、实务界社会诸界颔首称是;法官、学者、律师法治共同体一齐点赞,若假以时日,必将春暖花开。

甲午年隆冬,寒气逼人,天妒英才,碧华心脏恶疾骤发,因公殉职,天不假年,年方仅四十有七,集法官、学者、官员、好人一生的碧华从此谢幕,唯余孤儿寡母,空守青灯黄卷。碧华甘当燃灯者,燃烧自我,照亮社会,诚如网友之言"你使许多事情发芽,而自己却被冬天拂去如落叶"。

出师未捷身先死,长使英雄泪满襟。碧华,生前即颇具声名,逝后更是极享哀荣,法治潮流,浩浩荡荡,顺之者昌,逆之者亡,碧华已矣,法治方兴,吾辈当奋发,不宜妄自菲薄,引喻失义,唯愿神州大地涌现诸多邹碧华者,如此,则司改幸甚,法治幸甚,中华幸甚!

碧华仙逝,诸如悼念、追记之类文字,不绝于网络、报刊,林林总总,不一而足,有如排山倒海之势,令人始料未及,成就所谓"邹碧华现象"。悼念之人,或者居庙堂之高,或者处江湖之远,概而言之,横跨朝野上下,遍及体制内外。

数年来,法界风流人物,驾鹤西去者,为数匪少,或者英年早逝,或者寿终正寝,或者学术中坚,或者学界泰斗,前者以蔡定剑、陈桂明、邓正来诸君为代表,后者以曾宪义、沈宗灵、许崇德诸公为典型,虽亦反响强烈,令人扼腕叹息,然终未成就"某某某现象"。

若论学术成就,碧华著述虽丰,然尚不足与如上诸公相提并论,何以独碧华逝世,成就所谓"邹碧华现象"?此问题之诠释、注解,众说纷纭,见仁见智,莫衷一是,以余之浅见,碧华之人格、学识、能力、才华、功业自无须赘言，然追根溯源，引发“邹碧华现象”之主因，乃司法改革故也，而今，碧华俨然已成司法改革之符号，社会诸界将自身对司法改革之期许投射至碧华。

十八大以降，新人新气象，高举改革大旗，司法改革，万众瞩目，渐次成为改革之主战场，法官员额制，司法精英化，渐次推进，司法生态趋于向好，然囿于体制、理念、利益等诸般局限，司法改革虽轰轰烈烈，有板有眼，略有小成，然毋庸讳言，司法改革尚在半途，依法治国未有穷期，似有高开低走，甚至无疾而终之患。

恰在此时，碧华殉职，经由传媒报道，加之自媒体时代，人人皆为记者，世界坠入刷屏时代，瞬间引爆舆论，网上有言“船到江心，桨手突然沉默，耳边只余风声，独角兽回到了寓言里，谁来驮负巨大的词语，有的人说会放弃，有的人说会继承”，隐喻司法改革之困顿，暗喻司法改革所遭遇之挫折，社会诸界对于司法改革之期许，经由碧华辞世，淋漓尽致地宣泄。

总之，法官们希冀，经由司法改革，收获尊严，乐享职业尊荣感；律师们希冀，经由司法改革，消弭分歧，共建法治共同体；学者们希冀，经由司法改革，改善结构，打造精英化法官；官方希冀，经由司法改革，凝聚社会共识，建设法治之理想国；民间希冀，经由司法改革，改良司法生态，创建公平正义之社会。

碧华逝后，元首朱批，身后冠冕，盖棺论定，官方顺势而为，弘扬主旋律，传播正能量，追悼会、纪念会、学习会、报告会，接二连三，举国上下，皆谈碧华，如何纪念碧华，见仁见智，若先一哄而上，后一哄而散，贻害匪浅，空谈误国，实干兴邦，其实，最佳之纪念方式，乃是将司法改革进行到底。

《孙膑兵法·月战》：“天时、地利、人和，三者不得，虽胜有殃。”而今，司法改革，依法治国，天时、地利、人和三者兼备，乘风破浪，扬帆远航，正当其时。或有人曰，碧华卓越，吾辈未能尽学，只能是高山仰止，景行行止，虽不能至，心向往之。此言大谬也，古语有云，知行合一，臻于至善。

余虽生也粗鄙，五短身材，三尺微命，一介草民，混迹于京城，人称司法民工，当以碧华为榜样，法治之理想，正义之担当，朝夕未敢忘怀。余担纲于执行法官，所遭遇若干被执行人，或者油嘴滑舌，或者欺软怕硬，或者哭穷叫屈，或者无理取闹，凡此种种，不一而足，其中甘苦，冷暖自知，每每此时，不忘初心，头顶国徽，脚踏大地，秉承公平正义之剑，筑牢为人民司法之堤。

俗语有云，桃李无言，下自成蹊。或者尔乃司法系统之一颗小螺丝钉，或者尔乃法治汪洋中之一朵小浪花，然司法改革没有旁观者，依法治国没有局外人，泰山不让土壤，故能成其大，河海不择细流，故能就其深，吾辈法官，当以抓铁有痕、踏石留印之精神，铁肩担道义，妙手解纷争。

司法改革，法官员额制，法官行当，渐次洗牌，或进或退，或荣或辱，利益纠葛，或难豁免。或有人曰，法官神圣，进退流转，荣辱不惊，波澜不兴，坐看云起云落，实则不然。何人入额，牵涉大局，关乎成败，老少青壮，需要可能，顶层设计，因地制宜，统筹兼顾，大处着眼，小处着手，各安其位、各守其分、各得其所。

“世间已无九步法，法官当如邹碧华”。逝者安息，生者自当嘉勉。路漫漫其修远兮，吾将上下而求索，此吾非仅指自我，更指普罗大众，炎黄子孙，唯愿求索时间莫过于漫长，一万年太久，只争朝夕，吾辈当携手，相向而行，共创法治之理想国，谨以碧华生前常引用之诗文结束此文。

当你老了，白发茫茫，睡眼蒙眬

壁炉旁打盹，请取出这部诗歌
轻轻吟咏，追忆你过去温柔的眼神
回想它们深深的倒影
多少人爱你青春妩媚的时光
爱慕你的美貌、假意，抑或真心
唯有一人爱你那朝圣者的灵魂
爱你渐衰面容上痛苦的皱纹
垂首，在红光闪耀的壁炉旁
凄然轻诉那爱情的消逝
在头顶的山间它缓缓踱步
在满天繁星中间隐匿脸庞

——邹碧华生前最喜欢江水渡翻译的叶芝诗作《当你老了》

刘邦的恤刑慎杀之道

汉高祖刘邦能以一介布衣，提三尺剑力挫群雄勇夺天下，个中缘由固然不少，其中，其一以贯之的恤刑慎杀之道就为其最终据有天下加分不菲。虽说杀人在寻常人眼中是一个异常沉重的话题，但是它却是我国古代的政治人物都不得不直面的一个课题。古代的政治人物在杀人时机、方法、数量、标准、理念等问题上的不同抉择不仅彰显出他们气度、情怀、胸襟的差异，更进一步反映出他们政治手腕、智慧、水准的高下。

与西楚霸王项羽长期沉溺于不计后果地胡杀、滥杀不同，他的老对手汉高祖刘邦在处理诸如杀人之类的政治问题时却显得异常慎重、保守，概而言之，笔者以为刘邦真正践行了“恤刑慎杀”这个四字箴言。揆诸历史，刘邦不仅在夺取政权的过程中能够做到恤刑慎杀，而且即便是在坐稳了龙椅之后他也能尽可能地减少杀戮。从宏观层面来看，刘邦先是在攻入咸阳时与秦国父老“约法三章”赢得民心，在称帝后他又颁行了删繁就简限制死刑适用的《汉律九章》来治理天下。当然，本文主要是从个案的微观角度而不是从宏观层面上来解读刘邦的恤刑慎杀之道。

出发点：少杀和慎杀

恤刑慎杀之道的首要之处就在于少杀、慎杀，所谓少杀、慎杀就是对那些可杀可不杀的对象一律不杀，通过实施少杀、慎杀的政策来最大限度地减少由于杀人所可能产生的社会负能量，从而更好地实现死刑这项残酷刑罚的社会效果、政治效果、法律效果三者的有机统一。

1."屠"鲁城：瞻前顾后

话说项羽在乌江自刎之后，刘邦将楚地悉数都给平了，单单只是在项羽昔日的封地——鲁城碰了个大钉子，为此，刘邦率领天下兵马雄赳赳气昂昂地北上将鲁城围了个水泄不通。刘邦本打算在攻陷鲁城后就开始屠城，给楚国的遗老遗少们一通下马威，如果单单从军事角度来讲，屠城是一点问题都没有，但是如果从政治的角度来看这鲁城是万万不能屠的，如果屠了刘邦也就从此沦落到和项羽同样的政治水准了。此时，鲁城不能屠的原因主要有二：首先，坚守鲁城的都是些忠义之士，他们恪守礼义，为主子以死守节，占据着道德的制高点，屠城将使刘邦精心打造的正义之师的高大形象瞬间坍塌，得不偿失；其次，革命就要胜利了，刘邦同志马上就要坐江山了，屠城不仅不利于收拾天下人心，恢复被战争破坏的社会秩序，而且将更加不利于刘邦打造他的仁君形象。

刘邦是何等聪明睿智之人，对于屠城的利弊得失，他可谓是洞若观火，因此虽说刘邦生平极其讨厌儒生，恰巧鲁城还是儒生们的大本营，但是他是一个成熟的政治家，他懂得如何控制好自己的负面情绪，如何使政治行为收益最大化。果然，刘邦不但断然放弃了屠城计划，而且反其道而行之，他先是用项羽的人头招降了鲁城人，然后又用鲁公的高规格礼仪把昔日的敌手项羽风风光光地葬在了谷城，临了临了，刘邦还为项羽大为举哀，像模像样地大哭了一场，直把鲁城的老百姓们感动得稀里哗啦。这还不算完，刘邦不仅将项羽的亲族们一一给赦免了，而且还给他们都赐姓刘，而其中的项伯等四人甚至还被封了侯……一时间，皆大欢喜。

2. 释蒯通：实事求是

话说刘邦平定了陈豨的叛乱回到长安，听说韩信这个心腹大患已被吕后处死，且喜且怜之，好奇地问韩信有没有留下什么临终遗言。只听见吕后懊恼地说，韩信好像是说他特后悔没有采纳蒯通的什么计谋，计谋的内容自己也是一头雾水，不明就里。刘邦一听说是蒯通，顿时气是不打一处来，心想，“想当初韩信要挟自己自立为齐王不就是这个蒯通在背后捣鼓的吗”？于是就立即下诏齐国缉捕蒯通。蒯通被缉捕后，倒是坦率，一经审讯就像是竹筒里倒豆子一样，一股脑儿全招了，说自己不但教韩信自立为齐王而且还曾唆使韩信反叛，除此之外，还大言不惭地说“竖子不用臣之策，故令自夷於此，如彼竖子用臣之计，陛下安得而夷之乎”。刘邦当听到蒯通亲口供认其系韩信谋反的教唆犯，便毫不犹豫地要烹杀他。谁知蒯通神情自若地说，“嗟乎，冤哉亨也”。刘邦一听也是醉了，故意高声说，“你唆使韩信造反，还谈什么冤枉，只要你能说服我，我就赦免了你”！蒯通也是自有他的一番道理，他接着就大说特说了一通“自己当初只是韩信的臣子而不是你刘邦的臣子，自己只应当对韩信尽忠而不应当对你刘邦尽忠之类的话”，除此之外，他还说了一大通“教唆韩信反叛之事已经过去很长时间了，后来两人再没有勾勾搭搭过，因此不能用现在的法律——《汉律九章》去追究他过去的罪行”之类的话，用现在的法言法语翻译就是“教唆韩信反叛之事”已经过了犯罪的追诉时效，另外根据从旧兼从轻的司法原则，《汉律九章》对他以前的犯罪行为也没有溯及力，因此，不能再追究他的刑事责任了。刘邦听后是心悦诚服，就赦免了谋士蒯通……

3. 特赦贯高：对忠臣高看一眼

所谓特赦，按百度百科之解释就是“国家对某些犯罪或者特定的犯罪人免除刑罚的措施”。刘邦作为一代英豪，纵观其一生，除了一以贯之地执行少杀、慎杀的政策外，对于那些所犯罪行特别严重的忠义之士，他也特别善于运用特赦制度去达到自己的政治目的。

贯高虽说只是西汉历史上的一个小人物，但是后来他却因一起谋杀案而名闻天下。话说西汉七年，刘邦从平城经过赵国，赵国当时的国君张敖系刘邦的亲女婿，看到老丈人千里迢迢来到自己的封地，张敖是“朝夕袒韝蔽，自上食，礼甚卑，有子婿礼”。相反，刘邦这个老泰山倒是有些为老不尊，大大咧咧，只见他是“箕踞詈，甚慢易之”。面对老丈人对自己的埋汰，张敖本人倒没觉得有什么，可是却把他手下的国相贯高等一帮人给急得够呛，真可谓是皇上不急大臣急。当时贯高等人都已是六十多岁的老革命了，都是些曾跟随张敖之父张耳同志打天下的主，个个都是豪气干云易于冲动的人物，私下就劝张敖说，“夫天下豪桀并起，能者先立，今王事高祖甚恭，而高祖无礼，请为王杀之”。张敖一听这话，顿时就吓得魂飞魄散，赶忙劝解他们说，“君何言之误！且先人亡国，赖高祖得复国，德流子孙，秋豪皆高祖力也，原君无复出口”。可是贯高等人并不死心，思来想去，他们几人就决定单干了，后来还有了“乃吾等非也。吾王长者，不倍德。且吾等义不辱，今怨高祖辱我王，故欲杀之，何乃汙王为乎？令事成归王，事败独身坐耳”的君子约定。汉八年，刘邦从东垣回来，途径赵国，贯高等人就在柏人县馆舍的夹壁墙中隐藏死士想要谋杀刘邦，但却因事发而未果。

汉九年，贯高被刘邦秘密囚禁运往长安受审。起初，主审法官立功心切，对贯高可谓是软硬兼施，“诱供”“骗供”“逼供”等十八般武艺都用上了，可是贯高始终摆出一副死猪不怕开水烫的架势，实事求是地将赵王张敖摘得个干干净净。主审法官无奈只得拿出了撒手锏，将贯高同志“治榜笞数千，刺爇，身无可击者”，可是贯高从此就像是徐庶进曹营——一言不发。主审法官没办法只得把审讯贯高的情形、供词如实上报，刘邦听后嘴中蹦出两个字“壮士”，便赦免了赵王与贯高……

死刑：只适用于罪行极其严重者

虽说刘邦施行的是恤刑慎杀的宽大政策，但是这并不代表刘邦在该杀人时会优柔寡断下不去手，更不代表刘邦是个当断不断的懦弱之人，恰恰相反，对于那些罪无可恕的罪犯，刘邦总是该出手时就出手，杀起他们来可是连眼睛都不会眨一下，可以说真正地做到了稳、准、狠三个字。下面，我们就来看看刘邦同志杀叛徒下属曹无伤的故事。

曹无伤本就是个默默无闻之辈，在被诛杀之前仅是刘邦手下的一个左司马，在通常情况下，这样的一个小人物将会被淹没在历史的尘埃之中，可曹无伤却因自己吃里爬外的行为而得以遗臭万年。

话说沛公刘邦攻入咸阳后，眼见秦宫“宫室帷帐狗马重宝妇女以千数”，贪财好色的老毛病很快又犯了，连道都快走不动了，后来在樊哙、张良等人力谏下才“封秦重宝财物府库，还军霸上”。上将军项羽看到刘邦马上就要成为汉中王了，这才慌了神，心想，“刘邦这厮是要窃取革命胜利的果实，这是要提前摘革命的桃子啊”，于是乎就着急把火地率领四十万大军逼近函谷关，屯军新丰鸿门，预备着对刘邦兴师问罪。当时，左司马曹无伤虽说是刘邦手下的一位老革命，但是在很长时间内都只在像“左司马”这样的中级军官职位上趴着，郁郁不得志，面对着这波谲云诡的复杂局面，顿时心里就打起了小九九，心里犯嘀咕“这沛公终究非上将军之敌手，不如趁机抱上项羽这棵大树”，于是乎就悄悄地派人向项羽告密“沛公欲王关中，使子婴为相，珍宝尽有之”。项羽本就对刘邦有不少成见，一听这话顿时是怒发冲冠，气呼呼地说：“旦日飨士卒，为击破沛公军！”本来项羽这个“旦日飨士卒，为击破沛公军”的军事行动做得是神不知鬼不觉，可是他那个不争气的小叔父项伯竟将它私自泄露给了沛公……于是乎，历史上就有了鸿门宴。

本来曹无伤私下投靠项羽是一件神不知鬼不觉的机密事，可是还没等宴会正式开始，刘邦就开始套项羽的话，刘邦说，“臣与将军戮力而攻秦，将军战河北，臣战河南，然不自意能先入关破秦，得复见将军於此。今者有小人之言，令将军与臣有卻”。毫无心机的项羽果然上当，就将曹无伤如何出卖刘邦之事一五一十地倒了出来……虽说曹无伤同志是刘邦的老部下，曾跟随刘邦南征北战，没有功劳也有苦劳，但是刘邦虎口脱险后所要做的头一件事就是要将这个吃里扒外的左司马曹无伤诛杀，据《史记》所载“沛公至军，立诛杀曹无伤”。司马迁的一个“立”字写出了刘邦诛杀曹无伤之时的果决与绝情。

不过话又说回来，刘邦所一以贯之的恤刑慎杀之道并非没有反例，革命元老彭越、陈豨等人被其设计残忍地诛杀就足以说明刘邦所施行的恤刑慎杀之道有着其内在的局限性，但是我们却不能因此就不加分辨地全盘否认其所施行的恤刑慎杀之道对国家、社会所产生的正面作用。

其实，理想状态下的恤刑慎杀之道应当是既不失之于宽，亦不失之于严，能恰到好处地拿捏好宽与严的界限、尺度，真正地做到宽严相济、刚柔互补，确实做到实事求是、不枉不纵，而这不仅是刘邦所坚持的恤刑慎杀之道所应追求的真谛，而且也是其可资后来人借鉴之所在。

项羽奇葩的杀人方法

楚汉争霸,项羽败北,沦落到乌江自刎的可悲下场,个中原因固然颇多,杀人过多、过滥就是其中之一。说到项羽杀人,可谓是一个特有意思的话题,纵观项羽一生,杀人无数,其杀人方法也是花样百出、令人咋舌,简而言之,项羽的常规杀人方法有坑杀、烧杀、斩杀、活剐,凡此种种,不一而足……

不过,细细揆诸史料,可以发现项羽最上瘾也最令其解气之杀人之法,是将人烹杀。所谓烹杀,其实是一种相当古老的杀人方法,相传起源于原始社会,据百度百科之解释"烹杀是一种酷刑,施刑者先将犯人的衣服脱光,再将犯人推入一个如成人般高的大锅,放在柴火上烹煮,犯人大多数都因灼伤而死,有些甚至全身烧焦"。据史料所载,项羽曾先后对韩生、周苛等所谓的敌人采用过烹杀的方法将他们"绳之以法"。可问题是,项羽只顾一味地沉醉于烹杀他们时所获取的心理快感,却完全忽视了烹杀这种残酷的刑罚存在的道德风险以及负面的政治效应,最终也就只能是自食其恶果了。

烹韩生:小肚鸡肠

先从项羽烹杀韩生这个知识分子的故事讲起。话说刘邦在鸿门宴上成功溜号,范增为此给项羽甩了脸子,项羽很是郁闷了好一阵子,过了没几天，项羽就带兵攻进了咸阳城。项羽自己心中有气，就将它撒在了秦王子婴身上，不久就将秦王子婴处死，临了还不解恨，一把火又把秦朝宫室烧了个干干净净。项羽在将天下大封诸王之前，就先遇到了一个难题，将楚国的国都定在哪呢，这是个大问题。大家就围绕着国都选址问题七嘴八舌地议论开来，一度甚至到了情绪化的地步，那叫一个字乱，真可谓是见仁见智，莫衷一是。正在此时，有个叫韩生的儒者，大概也可以算是古代的“公知”了吧，向项羽进谏说，“关中阻山河四塞，地肥饶，可都以霸”。项羽听后很是生气，心想咸阳都被我烧毁成这个样，还让我在关中立国建都，这不是存心想膈应我吗，再说“好吃不过饺子，最美不过故乡”，现在正是衣锦还乡、荣归故里的好时候，就打定主意想要建都故乡彭城了。韩生见项羽目光如此短浅，心里也是着急，就对项羽说了一通大意是“埋骨何须桑梓地，人生何处不青山，莫愁前路无知己，天下谁人不识君”之类的劝谏之言。项羽一听更烦了，心想好个腐儒，竟敢讥笑我西楚霸王没知识、没文化，也太不给我面子了吧。韩生也是个一根筋的主，结果项羽、韩生二人当场就在秦宫里大吵起来，众人顿时也劝解不住，韩生一时嘴快，就大骂项羽“人言楚人沐猴而冠，果然”。韩生也是，骂项羽其他的也许都不打紧，竟敢骂楚国人都不是人，这就摊上大事了，在场楚国出身的文武大臣们都不干了，一时间可以说是群情激昂，对韩生是要杀要剐。项羽也是个暴脾气，恰好正在气头上，便不管不顾了，说杀他都是便宜了他，那就直接将他烹了吧……你看看，好端端的一桩立国建都的大喜事，竟然硬生生地被项羽办成了一件烹杀劝谏忠臣的丧事。这一烹，烹死一个韩生不打紧，要命的是从此就堵塞了进谏之路，也彻底寒了普天之下知识分子的人心了。

烹周苛:气急败坏

其次来说说项羽烹杀周苛将军的故事。如果说项羽烹杀韩生纯粹是无谓的窝里斗,那么项羽烹杀周苛则绝对可以算是对敌人的无谓残忍。周苛老家在沛县,与丰县的刘邦也可以算是半个老乡,在秦时周苛曾出任过一段时间的泗水卒吏,此人也是刘邦的一名铁杆粉丝。当刘邦高举义旗走上革命道路的时候,周苛与周昌两兄弟主动顺应历史潮流,第一时间就加入了刘邦的革命队伍。革命之初,周苛暂时在刘邦帐下当宾客,随着革命事业的大发展、大繁荣,周苛的身价自然也是水涨船高,在刘邦被封为汉王后,刘邦就越级提拔周苛做了御史大夫。

汉四年,正是楚汉争霸最为激烈的时刻,楚军在荥阳城把刘邦团团围住,情况万分危急,刘邦用计悄悄溜出了楚军的包围圈,而把最危险的防守荥阳城的任务交给了周苛将军。周苛二话没说,接下了这个硬茬。不过,毕竟楚汉双方实力相差太过于悬殊,没过多久,楚军便攻破了荥阳城,一开始,项羽挺欣赏周苛为主分忧的担当精神,便想诱降周苛,就对周苛说,“为我将,我以公为上将军,封三万户”。可是,周苛并不吃项羽的这一套,还说了一大通“士为知己者死”之类的豪言壮语,临了,周苛破口骂道,“若不趣降汉,汉今虏若,若非汉敌也”。周苛不骂项羽倒还好,能不能活命咱们单说,最起码也能有个痛快的死法,项羽最烦别人骂他,这一骂,项羽气急败坏、恼羞成怒,直接将周苛投入大锅中烹杀了……

烹“陵母”:丧尽天良

我们再来说说项羽烹王陵母亲的故事。如果说项羽烹杀韩生、周苛尚可以算是情有可原的话,那么项羽烹王陵的母亲只能说是丧尽天良了。话说王陵当初可是沛县远近闻名的豪杰，刘邦在卑微之时，对王陵很是敬重，像待兄长那样侍奉着王陵，用现在的话来说王陵在刘邦面前简直就是一个大哥级的人物。虽说刘邦对王陵是礼敬有加，可是，王陵这位仁兄却并不怎么买刘邦的账，刘邦起兵时，王陵故意没参加，刘邦攻占咸阳后，王陵也没前去投奔，直到楚汉争霸之时，王陵才率兵归顺刘邦。王陵这个人毛病不少，比如少文、任气、好直言等，但是他却是个不折不扣的大孝子。

项羽当然也知道王陵是个大孝子，就想在这上面做做文章，于是就将王陵的母亲扣押在自己的军营中，好吃好喝地供着，作为牵制王陵的一枚棋子。有一次，王陵的使者来拜见王陵的母亲，项羽就让王陵的母亲朝东坐着，在使者面前，项羽对王陵的母亲也是礼敬有加，想借此招降王陵。王陵的母亲很快就看穿了项羽的这套小把戏，在私下送使者回营时老泪纵横，悲痛地说，“为老妾语陵，谨事汉王，汉王，长者也，无以老妾故，持二心，妾以死送使者”。说罢，为了打消儿子的后顾之忧，当即拔剑自刎而死。按道理说，对于这样一位舍生取义、杀身成仁的长者，即便是出身于敌对阵营，作为政治人物的项羽，也应该表现出应有的敬意。可是，面对此种情形，项羽很是恼怒，心想，这老东西真是敬酒不吃吃罚酒，既然如此，那我就让你不得好死，于是就把这个忠义的老太太投入了大锅中烹了……

“烹”太公：虎头蛇尾

最后来说说项羽“烹”刘邦的老父亲太公虎头蛇尾的故事。话说楚汉争霸后期，楚军败势已现，恰在此时粮道又被汉军断了，项羽忧心忡忡，情急之下，只好拿出手中的撒手锏——人质太公和吕后说事。

起初，项羽想通过烹杀太公和吕后来要挟刘邦，逼刘邦就范，为了增加烹杀的恐怖气愤，项羽还为太公、吕后特别设置了一个高大的砧板，在把太公放在砧板上后，故意派人通知刘邦说，“如果你还不乖乖地放下武器投降，我就先烹了你父亲来祭旗”。谁知，刘邦这个滑头却并不吃项羽的这一套，他面无表情、若无其事地对项羽的使者说，“我和项羽曾经义结金兰，我的老子就是项羽的老子，如果项羽一定要烹杀咱爸，我们兄弟之间也应该是有福同享有难同当，那么别忘了分给我一杯肉羹”。项羽听后暴跳如雷，心想，刘邦这个不要脸的畜生，连老父亲和老婆都不要了，就打算立即烹杀太公和吕后，连火都点着了。此时，项羽最小的叔父项伯不失时机地又来插上一杠子，他故作高深地对项羽说，“天下事未可知，且为天下者不顾家，虽杀之无益，祇益祸耳”。经项伯这么一番忽悠，项羽顿时也没了主意，到底是烹呢还是不烹呢，这是个问题。犹犹豫豫老半天，只听见项羽的嘴里蹦出来一句话，还是听叔叔的吧……

烹杀不仅是一种残酷的杀人方法，更是一种惨无人道的刑罚措施，伴随着人类政治文明的发展进步，即便是在秦末汉初时期亦已罕见其使用，而西楚霸王项羽却逆历史文明潮流而动频频滥施烹杀酷刑，不仅无助于挽救其最终覆亡的历史命运，反而只落了个残暴无道的千古骂名，岂不真是既可悲又可怜。

李世民与钓鱼执法

继位后，李世民雄心勃勃决意以史为鉴开创未来，有基于此，他极其重视汲取隋亡之历史教训，为此，特地组织了几次关于隋亡原因的专题朝会。朝会上，君臣们个个群情激昂，慷慨陈词，总结来总结去，得出了如下结论：隋亡的原因，抛开隋炀帝这个罪魁祸首不谈，至少还有官员贪腐和佞臣弄权这两项顽疾。

前事不忘，后事之师，熟稔历史的李世民决定做点什么防患于未然，思前想后，他开出了一剂药方——开展一场轰轰烈烈的反贪腐运动。他希冀，通过发动一场反贪腐运动将大唐王朝还不算太严重的贪腐丑行像秋风扫落叶一样清除。可能是由于唐初官吏们都比较廉洁，也可能是基于其他什么说不清道不明的原因，一言以蔽之，反贪腐到最后，这场高调上场的运动效果并不好，顶多只能算雷声大雨点小。面对此情此景，李世民有点坐不住了，心想无论如何不能把反贪腐运动搞成个烂尾工程，既然体制内的反贪腐机构办事不力，执法不作为，那就只有自己这个皇帝亲自上阵了。

不过，令李世民失望的是，即便他自己亲自披挂上阵，一时间也没揪出几个贪官。此时，李世民突然想到了一个大阴招，于是乎，他立马秘密派遣一大批亲信宦官拿钱财去试探朝廷官吏。不久，有人就中枪了。事情是这样的，刑部下面有个司门令使，这家伙品级不高，生活也不算宽裕，终于经不住诱惑，战战兢兢地收下了李世民亲信奉送的一匹绢帛。这要说放在其他朝代，收一匹绢帛还真就不叫个事，可是这家伙千不该万不该，他竟然撞到了反贪腐运动的枪口上，也就只好认栽了。为慎重起见，李世民专门召开了一次朝会研讨如何惩处司门令使，朝会上，李世民雷霆震怒，他决心要拿这个倒霉蛋祭旗，杀鸡给猴看，也正好提振一下反贪腐运动的低落士气。遥想当年，整个朝堂，满朝文武，虽然都知道这个家伙多少有些冤枉，但是就是无人敢吭声，就连那个向来以直谏闻名的“魏大炮”——魏征同志，也都只是默默地站着，不知该如何收场才好。谁知，正当李世民决定处决那个倒霉蛋时，一个叫裴矩的大臣却突然冒出来进谏，只见他不徐不疾，大意是说这个司门令使最好不要杀，进谏原话是“为吏受赂，罪诚当死；但陛下使人遗之而受，乃陷人于法也，恐非所谓道之以德，齐之以礼”。裴矩绵里藏针，没有直接替这个司门令使辩护，他进谏的切入点是李世民“遗之而受，乃陷人于法”，实乃钓鱼执法的本质，直接判处死刑恐怕有点名不正言不顺，用现在的法律行话来说就是在追求反贪腐这一实质正义的过程中没有遵守程序正义的适当要求，因而是非正义的。不过，当时的裴矩并不知道这些个法理，因此，他只能从泛道德主义的角度出发，站在道德的制高点上，引用孔老夫子的名言“道之以德，齐之以礼”来向李世民进谏一通。

李世民乍一看，跟他唱反调的不是别人，乃是民部尚书裴矩，一开始也是愣住了，后来不禁又龙颜大悦。李世民为什么会是这反应呢？那就还得从裴矩的底细说起，要说别人可能不清楚他裴矩，李世民对他是一清二楚：裴矩，几朝重臣，能力超群，就是人品不咋地，遥想当年，隋炀帝杨广在江都风雨飘摇之际，裴矩，一位股肱大臣，只知道一味地明哲保身，对杨广一句进谏的话都不曾有，只想着逢迎取悦，若从道德上讲，他算是一位不折不扣的奸佞之臣。你想想，而今连裴矩这位过去的奸佞之臣都变成了忠谏之臣，这一切不是他李世民领导有方？再说，裴矩进谏点到了李世民钓鱼执法的死穴，不由得李世民不服软，否则，他这位明君可就没法子再当下去了，因此，李世民不但当着满朝文武褒奖了裴矩，说裴矩同志“能当官力争，不为面从，倘每事皆然，何忧不治”，而且为了维护自己的明君形象，顺势借坡下驴，干脆全面停止了这场反贪腐运动中的钓鱼执法行径。

经历了上面这一出，李世民反贪腐运动中的钓鱼执法行径可算是告了一段落，朝堂很快恢复了往昔的平静。然而，一波刚平，一波又起，当时有个朝廷官吏，品级不高，连参加朝会的资格都没有，但此人是个政治投机分子，整日里热衷于“架天线”“抱大腿”，他见李世民特讨厌佞臣，就开始琢磨开了。于是乎，他偷偷地给李世民上了个条陈，说是要清除皇帝身边的佞臣。起初，李世民对他还蛮重视，亲自召见他，然而，当李世民询问他究竟谁是佞臣时，他却又打起了马虎眼，当起了缩头乌龟，李世民心里明镜似的——原来他怕得罪朝中权贵。后来，他遮遮掩掩地对李世民说，要想找佞臣，臣倒是有一个好法子。当李世民等得都不耐烦的时候，他才吞吞吐吐地说，开朝会时，陛下可以假装恼怒，忽悠忽悠朝中大臣，看看那些朝中大臣的表现，那些个坚持己见、不肯见风使舵的必定是忠臣，而那些畏惧皇威、顺从旨意的就是佞臣无疑了。客观地说，这个法子对于辨识忠臣、佞臣还真能起点小作用，只是……

李世民何等聪明之人，一听这种法子，还真有点哭笑不得，这不明白着是让他往坑里跳吗？反贪腐运动中的钓鱼执法已让他的明君形象大受影响了，他能在同一个地方跌倒两次吗？于是乎，李世民逮着这个机会好好地训了这个官吏一顿，大意是上梁不正下梁歪，自己作为皇帝绝不能干这种没品的事。李世民的原话是“君，源也；臣，流也；浊其源而求其流之清，不可得矣。君自为诈，何以责臣下之直乎！朕方以至诚治天下，见前世帝王好以权谲小数接其臣下者，常窃耻之。卿策虽善，朕不取也”。悲剧啊，这个官吏怎么也不曾料到，本来是想向皇帝讨巧，没想到竟然碰了一鼻子的灰……

虽说李世民否定了用钓鱼执法的不耻行径来鉴别“忠臣”“佞臣”，但是他对那些在历史上有过污点的大臣，仍然时不时让他们“红红脸”“出出汗”以免他们重蹈覆辙。这不，谈笑间，机会就来了。

不久，吏部尚书杜淹向李世民举荐了刑部员外郎郅怀道，李世民就问杜淹举荐的理由，杜淹回道，说郅怀道这个同志德才兼备，其最突出的优点就是敢于直谏。为了增加说服力，杜淹还特地给李世民举了那个郅怀道谏杨广的故事，说当年隋炀帝杨广玩性大发非要下江南，朝廷百官虽然明知下江南凶多吉少，但是迫于杨广的淫威都只敢随声附和，只有当时的吏部主事郅怀道不信邪，站出来犯颜直谏。

其实，李世民对郅怀道的这段光荣历史早就了然于胸，只是他想借机来敲打一下吏部尚书杜淹。杜淹这个人能力没得说，就是人品不咋地，想当初，就曾因为家庭琐事与亲侄子杜如晦闹翻，后来杜淹竟然在王世充面前进谗杀了杜如晦的兄长，闹得杜如晦与他势不两立。于是，李世民就趁机问杜淹，说既然郅怀道同志这么刚正不阿，那当时你又为什么不正谏呢。这一问，直问得一个杜淹当场就面红耳赤，赶紧说自己当时人微言轻，进谏也没用，不过找死而已。看到杜淹还未能反省自己的错误，李世民也就不依不饶地追问道：“卿知炀帝不可谏，何为立其朝？既立其朝，何得不谏？卿仕隋，容可云位卑；后仕王世充，尊显矣，何得亦不谏？”面对李世民的追问，杜淹只得狡辩说“臣于世充非不谏，但不从耳”。看到杜淹死不认错，李世民也是醉了，也就赶紧补刀道“世充若贤而纳谏，不应亡国；若暴而拒谏，卿何得免祸”。到这一步，杜淹脸上挂不住了，赶紧认错，并向李世民保证以后一定勇于进谏……从此，那些个有过历史污点的官吏们都不得不时刻警醒着自己，免得一不小心又重蹈杜淹的覆辙……

张释之的恐惧

在我国长达数千年的文明史中，谈到秉公执法、铁面无私的官员，人们往往推崇北宋年间的开封府尹包拯，其实在包拯之前一千多年的西汉初期，也有一位包拯式的人物，他就是汉文帝、汉景帝时期的廷尉张释之。在任职期间，张释之办案秉公执法、铁面无私案例比比皆是，仅在《史记》一书中有明文记载的就有好几处。张释之秉公执法、铁面无私的行为虽说为他赢得了崇高的历史声誉，也为今天的我们树立了见贤思齐的榜样，但是就他个人而言，还是为此付出了不小的代价。

张释之家境殷实，从小与兄长张仲同居生活，刚开始只是做了骑郎一类的小官，默默无闻地干了十多年。因为嫌做骑郎俸禄低且升职无望，张释之一度对仕途意兴阑珊，想要归隐田园。后来，张释之在中郎将袁盎的大力举荐下，汉文帝才任命他做了谒者。从此，张释之在仕途上一发不可收拾，从谒者起步，在谒者仆射、公车令、中大夫等职位上拾级而上，直至做到了廷尉，大概相当于现在的最高法院院长。正是在廷尉任上，张释之实现了人生的飞跃，达到了青史留名的高度，为此，司马迁特意在惜墨如金的《史记》上为他列传颂扬。

张释之在刚升任廷尉后不久，就遇到了一件棘手的案子。有一天，汉文帝出巡经过长安城北的中渭桥，有个农民突然从桥下跑了出来，惊了皇帝的大驾。皇帝将犯罪嫌疑人交给廷尉张释之审理，要求张释之严惩。张释之经过审讯后得知，犯罪嫌疑人是个老农民，没见过大世面，在听到清道禁止人通行的戒严令后，就吓得赶紧躲在桥下，过了好一阵，以为皇帝的队伍已经通过了，就从桥底下出来，然后才过失地惊了皇帝的驾。于是，张释之以事实为根据，以法律为准绳判处罪犯罚金。这下可惹恼了汉文帝，文帝发怒说："此人亲惊吾马，吾马赖柔和，令他马，固不败伤我乎？而廷尉乃当之罚金！"张释之解释说："法者天子所与天下公共也。今法如此而更重之，是法不信於民也。且方其时，上使立诛之则已。今既下廷尉，廷尉，天下之平也，一倾而天下用法皆为轻重，民安所措其手足？唯陛下察之。"在张释之的据理力争下，汉文帝最终同意对罪犯仅判处罚金。

又过了不久，张释之碰到了一件更加棘手的案子，当然，案子的受害人还是汉文帝。事情的起因是这样的，有人偷了高祖庙神座前的玉环，汉文帝雷霆大怒，将犯罪嫌疑人交给廷尉治罪，张释之按法律所规定偷盗宗庙服饰器具之罪奏报皇帝，拟判处死刑。皇帝得知判决结果后，勃然大怒地对张释之说，我将此案交给你审理的目的，是想将罪犯夷灭三族，而不是让你机械地适用法条。张释之立即脱帽叩头谢罪，说我作为廷尉的职责就是依照法律的规定对罪犯进行惩罚，本案中对罪犯判处死刑就足够了，另外即使在罪名相同时，也应该根据犯罪情节的轻重不同而判处相应的刑罚，假如现在罪犯偷盗祖庙的器物就要夷灭三族，那当有罪犯挖长陵一捧土就没有相应的刑罚能够进行惩处了。最终，汉文帝同意了张释之的判决意见。

后来，汉文帝驾崩，汉景帝继位。张释之深知自己之所以能稳居廷尉之位，除了自己秉公执法、勇于任事之外，也得益于汉文帝的宽仁大度以及善于纳谏的长者风范。俗话说"一朝天子一朝臣"，汉景帝登基后，张释之内心非常恐惧，简直到了惶惶不可终日的地步。

张释之的恐惧除了担心廷尉职位不保外，更担心自己的性命之忧。张释之内心异常的矛盾，想要辞职归隐，又担心被汉景帝诛杀；想要当面向汉景帝谢罪，可又找不到路子。其实，张释之是害怕汉景帝对他进行打击报复。事情还得从张释之担任公车令时办理的一件案子说起。

有一次，当时的太子也就是现在的汉景帝与梁王同乘一辆马车入朝觐见汉文帝，到了皇宫外的司马门本应下车步行，但是汉景帝和梁王并没有下车。张释之作为主管相关事务的官员，立即前去阻止汉景帝和梁王，不让他们进入宫门，并检举揭发他们由此犯了“不敬”的大罪。汉文帝的母亲薄太后得知这件事后，责备了汉文帝，汉文帝连忙摘下帽子向母后赔罪，说自己教子不严。后来，薄太后派使臣赦免汉景帝、梁王的罪过，直到此时，汉景帝、梁王才能够顺利进入宫中。

虽说张释之用了王生的计策，见到汉景帝并向汉景帝道歉谢罪（其实，张释之并没有罪，只不过是秉公执法而已），汉景帝也原谅了他，但是张释之在侍奉汉景帝一年多以后，还是因为前述秉公执法而得罪汉景帝的缘故被贬谪为淮南王相。不久，张释之就怀着恐惧的包袱，郁郁而终。

“张释之的恐惧”说到底就是司法官员因为秉公执法得罪权贵而担心被权贵打击报复所自然而然产生的一种恐惧心理状态。这种恐惧心理产生的原因用今天的话语来说就是法官的职业保障制度缺失。如果说在二千年前的西汉时期，由于历史条件的局限，国家尚无法为法官们提供有效的、充分的、及时的职业保障制度，那么在强调依法治国、建设法治国家的今天，我们国家、社会应该为法官们提供有效的、充分的、及时的职业保障制度，以免“张释之的恐惧”在两千多年后的法官们身上重演。

笔者认为，为避免法官在正当的司法履职过程中产生“张释之的恐惧”，在司法改革进程中我们不仅应该关注、解决法官的薪水偏低问题，更应该做好法官职业保障制度的顶层设计，增加相应的制度供给，保障法官们不因依法履行职责而遭受不当的责任追究，避免因错案追责一刀切问题可能对法官造成的误伤，勿使法官们成为因制度疏阔而产生错案问题的牺牲品。

第二章

CHAPTER 2

史海漫话

从“鸿门宴”看团队角力

发生于两千年前的“鸿门宴”可算是我国政治史上的一盘大棋，它不仅是楚、汉双方日后逐鹿天下的一次预演、一场彩排，也是楚、汉双方核心领导团队第一次面对面的集体亮相与角力。从结果的角度来解读，“鸿门宴”一役，手握一把好牌的项羽团队最终将它弄成了一盘臭棋，以至于军师范增气得破口大骂“唉！竖子不足与谋，夺项王天下者，必沛公也，吾属今为之虏矣”，而棋势屡处下风的刘邦团队不但是毫发未损、全身而退，而且还能颇有斩获，成功地实现逆袭。过往，每每品读《史记》至此，总是疑惑不解，近日，重读《史记·项羽本纪》，经一番思索，忽然豁然开朗，原来楚军之败、汉军之胜乃系双方领导团队角力合乎逻辑之必然结果。

“鸿门宴”之前，楚、汉双方对峙的整体形势分析：从军事角度来看是楚强汉弱，楚军当时总兵力达 40 万之众，而汉军只有区区 10 万人，另外，楚军刚刚打败过强大的秦军主力，具有极为丰富的作战经验，与之相较，汉军则相形见绌；从政治角度来看亦是楚强汉弱，项羽“挟楚怀王以令诸侯”，其系整个革命军的领袖，在名义上不仅有权指挥自己的嫡系部队，而且对所有的革命军都可以加以节制、指挥；从道义角度来看则是汉强楚弱，楚怀王与诸将有约在先，“先破秦入咸阳者王之”，刘邦在攻取咸阳之后，通过“约法三章”“封闭宫室”“还军霸上”等行为为他赢得了崇高的革命声望，而与之相反，项羽则因“夜击坑杀秦卒二十余万人新安城南”之小人行径而声名狼藉。总而言之，就综合实力而言，在鸿门宴之前，项羽领导的楚军较之刘邦领衔的汉军具有压倒性优势。

一、楚军的领导团队

在鸿门宴棋局中，楚军的领导团队由项羽、范增、项伯三人组成，三人中项羽是名义上的领导核心，但是由于种种原因，他既领导不了飞扬跋扈的军师范增，也管不了那自以为是的叔父项伯。范增、项羽、项伯三人分别是左、中、右三条革命路线的代表，面对楚汉争霸的可能前景，范增主战，他很早洞察到楚军面临的主要矛盾已由歼灭秦军残部转变为消灭革命军中潜在竞争对手的现实，是革命军中的坚定左派；项伯主和，他认为革命的统一战线需要继续维持，鸿门宴上并不是对刘邦动手的理想时机，是革命军中容易妥协的右派；而楚军的最高领导人项羽既没主见更没定力，像墙头草一样时不时地摇摆于革命军中的左、右两派之间，我们暂且称之为中间派。有基于项羽这个楚军名义上的最高领导人事实上既无法有效地领导范增也无法有效地管控项伯的现实，因此，与其说楚军领导团队中的三人之间是人们通常所认为的那种领导与被领导的关系，倒还不如说三人之间是一种脆弱的平行关系。

项羽：无比超脱的看客

虽说项羽名义上是楚军的当家人，但是他色厉内荏，毫无主见与定力，革命的领导权威不断地受到以亚父范增为代表的左派和以叔父项伯为代表的右派的挑战与挤压，用现代的政治话语来形容，那就是项羽不是一个坚强的领导核心，他只是一个名副其实的“弱王”，只是一个性格相当软弱的“维持会长”。由于项羽受到“老人政治”的不良影响，再加上其优柔寡断的性格，以及缺乏起码的担当精神，这就造成了项羽在鸿门宴棋局中只得听任范增与项伯之间毫无原则的恶性争斗，而本应成为鸿门宴主导者的项羽反倒成了一名好似事不关己高高挂起的看客。项羽在整个鸿门宴棋局中只充当了一名严重不称职的领导核心的角色，其主要表现在：(1)公私不分。当项羽发现叔父项伯私下将绝密情报泄露给刘邦时，他竟然没有半点的责备之情，这要换了别人胆敢泄露情报，项羽早就将他碎尸万段了，但是此次泄密的毕竟是自己的亲叔叔，他作为一个小侄子无论如何也不能对叔叔下手，所以项羽对项伯是连个“警告处分”都没给；(2)优柔寡断。当范增命令项庄杀掉刘邦之时，项羽忽然觉得刘邦是该死，他就没有阻止项庄的刺杀行动，而当叔父项伯以自己的身体来保护刘邦，项羽又改换主意了，他忽然又觉得刘邦好像还罪不至死，况且他还很不屑于亚父范增用刺杀这种下三烂的手段去摆平对手，于是乎，他也没制止项伯的举动，直到最后，项羽心中也是一团乱麻，不知道这个刘邦同志是该杀呢还是不该杀呢，他干脆不管了，作壁上观得了；(3)委过于人。当范增拔剑撞破玉斗大骂项羽“竖子不足与谋”之时，项羽心中顿时既有悔恨更有恼怒，令他悔恨的是叔父项伯竟然放跑了敌人刘邦，这等于是放虎归山，终要贻害无穷了，而令他恼怒的是军师范增也太不给自己这个40万楚军当家人留面子，心想“以后这个队伍我还咋带啊”，而对于自己在鸿门宴上的失职、失察之举，他却视而不见，浑然不觉。

范增：飞扬跋扈的军师

范增同志在古稀之年参加革命，从年龄上来说，比项羽得大有四十多岁，他既是革命军中的元老，也是项羽的首席智囊(军师)，在整个起义军中都享有崇高的威望。然而，就算是这样一位绝顶聪明的政治人物，其在整个鸿门宴棋局中也没有什么惊艳的表现，大抵上只能勉强够得上“差强人意”四个字。范增在鸿门宴棋局中的表现大体分为以下几个阶段：(1)事前的神机妙算。范增其实早在刘邦攻破咸阳之时，就洞察到沛公刘邦将会是以后项羽称霸天下的主要竞争对手，他作出此项判断的依据就是刘邦在攻破咸阳之后不但“财物无所取，妇女无所幸”而且还通过“约法三章”的形式收买天下人心，而这就恰恰说明刘邦已经完成了由一名普通义军领袖到一名成熟政治家的蜕变，有鉴于此，范增看在眼里，急在心里，于是建议项羽“急击勿失”以便铲除后患；(2)事中的越俎代庖。在鸿门宴上，聪明的范增做了一件与其军师的身份、地位、角色都极不相称的傻事，作为一名老资格的军师，范增应该清楚他只享有政治建议权而没有政治决策权，可是，范增却在没有获得最高领导人项羽首肯的前提下，就越权私自指派项庄前去刺杀刘邦，这分明是一种极其严重地违反政治规矩的犯了大忌的行为，而范增的这一举动也为他日后的悲剧命运事先埋下了伏笔；(3)事后的意气用事，在刘邦成功开溜之后，范增不管不顾自己革命元老的身份，就像老子骂儿子似得大骂项羽等人“唉！竖子不足与谋，夺项王天下者，必沛公也，吾属今为之虏矣”，而这一通大骂不但于当时楚军之事无补，反而造成了楚军最高层的更大裂痕，引发了楚军一系列的政治后遗症。

项伯：因私废公的江湖好汉

项伯本是项羽的小叔父，在大叔父项梁牺牲后，项伯就便成了他们老项家中名副其实的老大了。在参加革命之前，项伯曾经就是一位义薄云天的江湖好汉，他讲义气，爱打抱不平，懂得知恩图报，即便是经历了长期秘密的革命生涯，项伯也是本色难改，没能顺利地完成其角色与身份的转变，他始终还是当初那位既不讲政治，更没有什么大局观念，常常是因私废公、因小失大的草莽英雄。项伯在鸿门宴棋局中的不良记录有：(1)事前泄密。项羽恐怕都想不到自己进攻刘邦的绝密军事情报竟然会是自己的小叔父项伯泄露的，而更加令他想不到的是项伯这样做的唯一理由竟然还是为了搭救项伯他自己曾经的救命恩人，可事实正是如此，这不，项伯不仅仅是泄露了军事情报，而且还偷偷地与敌人刘邦结为儿女亲家，你说糊涂不糊涂？(2)事中倒戈。当项庄以舞剑为名刺杀刘邦时，几乎出乎所有人意外的是第一个站出来说“不”的人竟是项伯，而且项伯常常还是以身体翼蔽沛公，你说怪不怪，好你个项伯，也真是豁出去了，这还有没有革命立场，为什么胳膊肘总是要往外拐呢？(3)事后捣乱。在范增大骂“竖子不足与谋”之时，项伯其实相当地不服气，心想“我们项家人的江山哪里容得到你这个外人来撒野”，于是乎，项伯就时不时地提点小侄子项羽要小心提防那个飞扬跋扈的亚父，提防他夺了项家人的领导大权。总之，项伯从始至终都只是一名江湖好汉而绝不是一名成熟的政治家。

楚军领导团队的软弱、涣散乃至分裂，不但造成了楚军中严重的内耗，而且也使得楚军中的执行者无所适从。你可以想想鸿门宴上的杀手项庄，他既要执行那个心急如焚的军师刺杀刘邦的命令，又要应付那个以身体翼蔽沛公的项伯，还得时不时地观察那个优柔寡断、左右摇摆的项羽的眼色，那才真叫一个是左右为难，无所适从！而有如此领导团队之楚军焉能不败？岂非没有天理了！

二、汉军的领导集体

在鸿门宴棋局中，汉军的领导团队由刘邦、张良、樊哙三人组成，其中，刘邦是实至名归的领导核心，张良与樊哙二人，一文一武，系其左膀右臂、得力助手，三人之间，以刘邦为核心，以张良、樊哙为基干，等级森严，上下有序，分工协作，各司其职，是一个相当有战斗力的领导集体。汉军领导团队之间的关系与楚军领导团队中脆弱的平行关系迥异，它是一种垂直型的领导结构、领导关系。这样的领导团队不但有效地避免了楚军中存在的内耗与低效，而且充分地调动了全体团队成员的积极性、主动性，为汉军的完胜奠定了坚实的组织基础。

刘邦：坚强的领导核心

刘邦是一名相当成熟的政治家，他不仅有政治家的权变之道，而且有政治家的卓越领导才能。刘邦在鸿门宴棋局中的完美表现包括：(1)事前随机应变。当刘邦听张良报告说项羽马上要进攻自己时，刘邦并没有因此而惊慌失措，反而显出了他的统帅风度，他迅速地找到了应对之策，项伯的到来简直就是上帝送给他的礼物，他决定从项伯处打开一个突破口，于是乎，他以退为进地对项伯进行拉拢，又是敬酒又是结为儿女亲家，项伯还真是不负刘邦所望，为他想了一个辙"旦日不可不蚤自来谢项王"；(2)事中兵不厌诈。当刘邦刚到鸿门拜会项羽时，刘邦先是反客为主地客气了一番，深情地回顾了自己在项羽同志的领导下所经历的艰辛革命历程，直把一个项羽恭维得是飘飘然，然后刘邦又不卑不亢地向项羽解释了一通自己"封闭宫室""还军霸上"等行为的缘由，临了倒又拍起项羽的高级马屁来，直拍得项羽那真叫一个"爽"；(3)事后金蝉脱壳。刘邦作为一名政治家，就是逃跑也是极其讲究艺术的，他先是妥善地设计好开溜的具体方式、方法，"沛公则置车骑，脱身独骑，与樊哙、夏侯婴、靳彊、纪信等四人持剑盾步走，从郦山下，道芷阳间行"，然后还精确地计算出出逃所需的准确时间，真正地做到有备无患，万无一失，还煞有介事地把张良留下当作幌子，以便迷惑项羽一干人等，最后还特地有模有样地给项羽、范增赠送了白璧、玉斗等贵重礼物，直把一个项羽弄得是哑巴吃黄连有苦说不出啊！

张良:忠心耿耿的谋士

张良既是刘邦的首席大谋士,也是其极为倚重的股肱大臣。如果说张良以往多是以“智多星”的面目示人的话,那么鸿门宴棋局中的张良则更多是以忠臣的本色在演出。张良对主子刘邦的“忠”体现在:(1)事前报告。在项伯私见张良“具告以事,欲呼张良与俱去,毋从俱死也”时,张良将个人之生死置之度外,第一时间将楚军即将进攻汉军的紧急军情报告给了刘邦,而这就为刘邦的妥善应对危机争取到了极为宝贵的时间;(2)事中搬兵。在鸿门宴上,当项庄舞剑常常剑指沛公时,张良考虑的并不是自身如何脱险,而是积极地想方设法营救刘邦,忽然,他想到了智勇兼备的樊哙,于是乎,就果断地给搬来了猛将樊哙这个救兵;(3)事后留守。当刘邦等数人准备脚底抹油之际,张良主动提出应由自己来留守楚营以便迷惑敌人为主子刘邦的出逃争取到足够的时间,你可别小看了张良的留守,倘若没有张良的留守,刘邦能否成功出逃还两说呢,另外独自留守楚营也是一项特别危险的活计,依项羽往常的火爆脾气,没把张良同志给烹杀实属是张良烧高香了。

樊哙:智勇兼备的“卫队长”

樊哙是刘邦同志的连襟,也是汉军领导团队中的重要人物,当然,樊哙有时也会客串一把沛公刘邦的警卫队长。如果说樊哙在鸿门宴之前给人多是一种“猛张飞”的粗人形象的话,那在鸿门宴之后,则应该对这位昔日的“猛张飞”刮目相看了,笔者窃以为,樊哙可算是整个鸿门宴棋局中表现得最为出彩的人物了。你看,当刘邦身处险境之时,谋士张良首先想到要搬的救兵不是别人,正是我们的这位樊哙将军。当得知主子刘邦身处险境之时,樊哙先是“带剑拥盾”勇闯项羽的中军大帐“瞋目视项王,头发上指,目眦尽裂”;然后又是大碗喝酒大块吃生猪肉,直让一个孤傲不群、自视甚高的项羽也视其为“勇士”“英雄”;这还不算完,后来樊哙还充分利用汉军所特有的道义优势,站在道德的制高点上对项羽企图谋害功臣的无耻行径进行了一通有理有利有节地狠批,直把一个项羽说得是哑口无言;最后,当刘邦在是“溜”还是“留”间举棋不定之时,樊哙又是一番慷慨陈词“大行不顾细谨,大礼不辞小让。如今人方为刀俎,我为鱼肉,何辞为”。你看看,这哪是昔日那个以杀狗为生的屠夫的水平啊,明明就是成熟政治家的高水准嘛!

经鸿门宴一役,汉军不但是毫发未损,全身而退,而且还有一个意外地的发现——楚军领导团队的分裂,而这就为往后刘邦采用反间计对楚军高层进行分化、瓦解创造了有利的前提条件,当然除此之外,刘邦还有另外两个意外之喜,其一是清除了己方的一个无耻叛徒曹无伤,其二是发现了一个被项羽白白浪费的天才陈平。总而言之,鸿门宴一役,最终是以汉军之全胜、楚军之完败而载入了史册。

俗话说“一个好汉三个帮”,其实,鸿门宴一役,就楚军一方而言,随着项伯的倒戈、项羽的旁观,楚军的核心领导层中只剩下一个年逾古稀的范增在苦苦地支撑着,“鸿门宴”这盘政治大戏演变成了范增一个人的独角戏,而反观对手汉军一方,刘邦同志总揽全局,张良、樊哙各司其职,分工协作,真正的是一个颇具战斗力的领导集体。楚军倚靠那样一个软弱、涣散乃至分裂之领导团队幻想着有朝一日能战胜有着成熟、团结、善于协作的领导团队之汉军无异于痴人说梦,永远都只能是可望而不可即。

长孙皇后的齐家之道

怎么齐家?《周易》“家人”卦之卦辞是“利女贞”,所谓“利女贞”通俗来讲就是要有一个周正的妻子。南方方言中通常将妻子称为“堂客”,所谓堂客,字面意思指家中负责打扫庭院、洗衣做饭、相夫教子的人,堂客一词既生动地诠释了妇女的传统角色定位,又真实地再现了妇女的传统生活模式。虽说“正心”“修身”“齐家”“治国”“平天下”一直以来都是国人传统的事业理想,但是揆诸史料,像“治国”“平天下”这一类“高大上”的领域往往都是专供男人驰骋之地,纵览历史,由于种种缘由,号称半边天的女性同胞,终其一生,在我国古代大抵上都只能委屈地停留在“齐家”这一层面。不过话又说回来了,你可别小觑了相夫教子之类的齐家之道,它直到现在也都是一门特别值得研究的大学问,真正需要硬功夫。本来,家应该是幸福的港湾,是心灵的家园,现如今,君不见,有人的家倒成了情感之沙漠,有人的家倒成了权钱交易之所,有人的家倒成了藏污纳垢之地……凡此种种,不一而足,这一切,一言以蔽之在一定程度上都是不善齐家之故。而与之恰恰相反,一千三百多年前的长孙皇后,深谙齐家之道,无论是相夫教子,或是保全母族,抑或是打理后宫,其表现都可圈可点,堪称古人齐家之典范,亦足以垂范后世。

相夫君:忠贞不渝

其实,唐太宗与长孙皇后的完美爱情系双方父母包办婚姻的产物。话说长孙皇后是隋朝名将长孙晟之幼女,对于长孙皇后的婚事,当时整个长孙家族都十分关注。长孙皇后有个伯父名叫长孙炽,此人学识渊博,为世人所敬重,特别欣赏当时唐国公李渊的妻子窦氏。长孙炽以为优秀的窦氏必将培养出类拔萃的子女,于是他极力促成长孙晟为幼女长孙氏与唐国公李渊家定下娃娃亲。然而,世事难料,婚约刚定不久,长孙晟就与世长辞了,后来,长孙皇后的舅舅高士廉老先生做主将豆蔻之年的长孙氏许配给了年少有为的李世民,从此,长孙皇后与李世民二人之间便开启了完美的爱情故事。

俗话说"患难见真情","玄武门之变"是对长孙皇后与唐太宗之间完美爱情的第一次严峻考验。话说李世民在与太子李建成、齐王李元吉闹崩之后,决心破釜沉舟用政变的手段彻底解决继位人之争。武德九年六月四日凌晨,李世民率领秦王府将士在玄武门设伏。通常只是默默站在丈夫身后的长孙氏也走出了厅堂,出人意料地站在了李世民的身旁,慷慨激昂地勉励将士们奋勇杀敌。参与政变的将士们被此情此景所感染,大无畏地将太子李建成、齐王李元吉一党消灭的是干干净净。长孙皇后在关键时刻的不离不弃,给了丈夫李世民无穷无尽的精神力量,玄武门一役终以李世民一方的完胜而载入史册。当然,这胜利的军功章中也应有长孙皇后的一份。

李世民称帝后,长孙皇后与唐太宗的爱情也在不断地经受着新的考验。总而言之,他们的爱情经受住了时间的考验。据《资治通鉴》所载,"上得疾,累年不愈,后侍奉,昼夜不离侧。常系毒药于衣带,曰:'若有不讳,义不独生!'后素有气疾,前年从上幸九成宫,柴绍等中夕告变,上擐甲出阁问状,后扶疾以从,左右止之,后曰:'上既震惊,吾何心自安！’由是疾遂甚”。

总之，唐太宗能成就一代明君的传奇，除了其自身励精图治以及大臣们的群策群力之外，一代贤后长孙氏也贡献良多，诚如李世民在长孙皇后逝后所言“朕非不知天命而为无益之悲，但入宫不复闻规谏之言，失一良佐，故不能忘怀耳”！

管子女：严字当头

再来看看长孙皇后如何妥善处理“嫁女风波”。话说唐太宗与长孙皇后膝下长女名叫李丽质，此人后来被唐太宗加封为长乐公主。这个长乐公主不但长得漂亮，而且乖巧伶俐，深得唐太宗、长孙皇后一干人的欢心。后来，为了能让爱女常伴左右，唐太宗与长孙皇后就干脆亲上加亲地将长乐公主许配给了长孙无忌之子——长孙冲。不过，虽说皇帝嫁爱女在当时是件大喜事，但是也却曾为此闹出过一场不大不小的风波。原来，因为李丽质系长孙皇后所生，再加上平常深得唐太宗本人欢心，在嫁妆问题上唐太宗就头脑发热“敕有司资送倍于永嘉长公主”。对于唐太宗的这一离谱做法，长孙皇后本来是反对的，她认为这样将滋长朝廷的骄奢之风，对长乐公主以后的健康成长也是有害的，但鉴于敕令已经颁行也就只好作罢。谁知，半路竟然杀出个程咬金，“资送倍于永嘉长公主”的消息被谏臣魏征获悉了，于是他不干了，赶紧给唐太宗上折子谏阻，只见他写道“昔汉明帝欲封皇子，曰：‘我子岂得与先帝子比！’皆令半楚、淮阳。今资送公主，倍于长主，得无异于明帝之意乎！”唐太宗也突然醒悟过来，“资送倍于永嘉长公主”确实有违礼法，可是如果此时贸然消减长乐公主的嫁妆不但有损自己的威信，而且也怕长乐公主有想法。所谓知女莫若父，长乐公主得知要消减自己嫁妆的消息之后，不依不饶，直嚷着要找魏征当面理论呢。当唐太宗为“嫁女风波”左右为难之际，长孙皇后出马了，只见她先做通长乐公主的思想工作，让她主动要求消减嫁妆，照顾到唐太宗的面子，然后对“从中作梗”的魏征又是赏赐“钱四百缗、绢四百匹”又是嘉勉“闻公正直，乃今见之，故以相赏，公宜常秉此心，勿转移也”。你瞧瞧，一场棘手的“嫁女风波”被长孙皇后三下五除二就化解于无形。

理后宫：以德为先

如果说《甄嬛传》中的皇后是仗着阴谋诡计来整治后宫，那长孙皇后则是用“以德为先”的道德准则来打理后宫。经长孙皇后一番苦心经营，当时的整座后宫俨然已成了一个“和谐社会”。据《资治通鉴》所载，当“妃嫔以下有疾，后亲抚视，辍己之药膳以资之，宫中无不爱戴”。当然，除此之外，“长孙皇后性仁孝俭素，好读书，常与上从容商略古事，因而献替，裨益弘多”。

唐太宗的天下是靠马上获得，平心而论，唐太宗自然同跟随自己南征北战的战马有着非同寻常的感情。可偏偏有一次，唐太宗一匹珍爱的战马突然莫名其妙地病死了，唐太宗伤心不已，便将怒气撒在了养马的宫人身上，打算拿养马的宫人说事，说是要对养马的宫人严厉追责“将杀之”。饱读史书的长孙皇后深知将养马的宫人处死既不合国家的礼法也与唐太宗治国的理念相悖，可她却并没有因此直接为宫人求情，而是打算利用丈夫是个历史发烧友的机会进行巧谏。于是乎，长孙皇后便给唐太宗讲了一个“晏子进谏救马夫”的典故，只见长孙皇后进谏道“昔齐景公以马死杀人，晏子请数其罪云：‘尔养马而死，尔罪一也。使公以马杀人，百姓闻之，必怨吾君，尔罪二也。诸侯闻之，必轻吾国，尔罪三也。’公乃释罪。陛下尝读书见此事，岂忘之邪？”唐太宗听完长孙皇后的这个历史典故立刻醒悟过来，要知道如果他将宫人杀掉，岂不是他自己连古代的齐景公都不如了吗，而这可不是他心心念念所要追求的明君梦啊。最后，唐太宗只是将宫人训诫一顿便了事！

抑母族：以史为鉴

贞观元年，长孙家族摊上大事了！这是长孙家族自唐朝建立以后所遭遇的第一重大危机！原来，长孙皇后有个同父异母的哥哥，名叫长孙安业，这个哥们有点太不着调，平时不是嗜酒闹事就是到处去逛赌场，想当年这个长孙安业还曾欺负过落难中的长孙无忌兄妹俩，曾将孤苦无依的他们二人赶回到舅舅高士廉的家里。事情的起因是这样的，有一天，长孙安业这家伙也不知道怎么回事，突然脑袋一发热，竟然与利州都督李孝常等人勾结谋反，幻想着有朝一日龙袍加身。不用说，这类没有技术含量的谋反三下五除二就被唐太宗李世民给挫败了。虽说后来长孙安业在长孙皇后的周旋下捡回了一条命，但是这件事却引起饱读史书的长孙皇后的深思。长孙皇后想到了汉初吕后治下的外戚专权，虽说吕后之时，吕氏一党个个都是春风得意、威风八面，但最终却落了个被一锅端死无葬身之地的悲催下场。为了避免重蹈吕氏覆辙这一双输局面，长孙皇后决心做点什么。说来也巧，机会很快就来了，鉴于长孙无忌的优异表现，唐太宗决定给他的大舅哥加官进爵擢升为尚书右仆射，当唐太宗把这个大喜讯告知长孙皇后时，没想到竟然被她给否决了，如此来来回回好几趟，最终长孙无忌硬是没能当成这个尚书右仆射。就算是在长孙皇后临终之时，她还留下遗嘱，念念不忘地提醒唐太宗“妾之本宗，因缘葭莩，以致禄位，既非德举，易致颠危，欲使其子孙保全，慎勿处之权要，但以外戚奉朝请足矣”。你看看，长孙皇后的头脑是如何得清醒！

护大臣:为国保贤

除了做好“齐家”这个生活的主业之外,长孙皇后有时也会精彩地客串一把替朝廷大臣打招呼、递条子之类的“副业”,其中,最为著名的莫过于“朝服进谏”的典故。

话说有一次,李世民在朝堂上因一件事与谏臣魏征的观点存在分歧,魏征仗着自己占理就不依不饶地直谏,搞得李世民实在下不来台,也就失去了往日的理性,最后双方闹得不欢而散。直到下朝回宫后,李世民仍然气愤难平地对长孙皇后说:“朕以后定要找个机会杀掉那个令人讨厌的乡巴佬!”连乡巴佬这种伤人的脏话都蹦出来了,长孙皇后深知夫君是真是要发雷霆之怒了,心里已是猜了个八九不离十“肯定又是在生魏征的气”,便假装问道,“到底是谁惹怒了陛下?”只见李世民没好气地回应道“魏征这个乡巴佬经常在朝堂上羞辱我,弄得朕这个皇帝很没面子”。此时,要换做旁人,要么是顺水推舟进言煽动去讨好皇帝,要么是唯唯诺诺默不敢言以免触到惹恼皇帝的霉头,长孙皇后毕竟不是普通人,只见她作出了一个奇特的举动,她不去理会盛怒中的丈夫,而是暂时退到内殿,换上了朝服,然后走到丈夫面前向李世民表示祝贺。长孙皇后的这一举动弄得李世民也是丈二和尚摸不着头脑,于是便询问妻子“喜从何来”。长孙皇后笑着答道:“妾闻主明臣直。今魏征直。由陛下之明故也!妾敢不贺!”品品这进谏艺术,真是想不到长孙皇后这个女流之辈冷不丁还是个进谏的高手呢。唐太宗听了这番高论不禁转怒为喜,从此之后,就彻底化解了他与魏征之间的心理疙瘩。

长孙皇后逝后,其家族成员便接二连三地遭受厄运,先是其嫡长子太子李承乾的储君大位被废,再就是次子魏王李泰锒铛入狱被囚终生,若干年后,其兄长孙无忌也被逐出朝堂,落了个死于非命的悲催下场……也许有人会将这一切归咎于长孙皇后齐家之道中的局限性，并进一步将其作为指控长孙皇后齐家无能的证据。其实，就像是再高明的医生也不能包治百病一样，仅凭长孙皇后一己之力无法保证其家族中的每一个成员都能做到尽善尽美，全身而退，更甭说是在其死后了。我们若如此求全责备、吹毛求疵地苛求古人，既有违历史唯物主义的态度，更是有欠历史的公允。

长孙皇后齐家之道中最为人们称道之处就是其尽管身居高位仍然还能保留着那份难得的清醒与理性。俗话说“人生就好比是一架飞机，不在于能飞得多高，关键是最后能否平稳着陆”，单个的个人是如此，千千万万的家庭又何尝不是如此呢。也许，长孙皇后的齐家之道并非尽善尽美，但是不管怎么说，其齐家之道中那份难得的清醒与理性值得我们现代人加以借鉴。

政坛真小人袁盎

何谓真小人？本文采用的是百度百科之解释“品德低下的人”而不是人们通常所认为的那种坦坦荡荡的小人。揆诸史料，真小人一词源自《宋季三朝政要》中的“宋理宗时，梁成大为御史，谄媚事史弥远，欲去魏了翁、真德秀”，谓“真德秀乃真小人，魏了翁乃伪君子”。纵观我国数千年的文明史，可称之为“真小人”的政客真是不少，其中臭名昭著者诸如赵高、杨素、李林甫、秦桧之流，然若要较之于既甘于当真小人又善立道德牌坊，西汉时期的大臣袁盎大抵可算是高手中的高手。也许正因为如此，作为政坛上的一位真小人的袁盎在历史上却一直都以忠谏之臣的高大华丽之形象示人。关于袁盎系政坛真小人的历史评价大抵源自于南宋学者洪迈所著之《容斋随笔》，洪迈同志在该书中断然否定袁盎系忠谏之臣的传统主流观点，一步到位直接认定“袁盎真小人，每事皆借公言而报私怨”。

好你个洪迈，仅凭一句“借公言而报私怨”就打到了袁盎为人处事的软肋，进而挑落了袁盎得以青史留名的迷人画皮，使袁盎这只老狐狸在一个不经意之间就露出了其政坛真小人的本来面目。在断定袁盎系真小人之后，洪迈在《容斋随笔》中进一步发挥道“尝为吕禄舍人，故怨周勃。文帝礼下勃，何豫盎事，乃有‘非社稷臣’之语，谓勃不能争吕氏之事，适会成功耳。致文帝有轻勃心，既免使就国，遂有廷尉之难。尝谒丞相申屠嘉，嘉弗为礼，则之丞相舍折困之。为赵谈所害，故沮止其参乘。素不好晁错，故因吴反事请诛之”。当然，毋庸置疑，若要认定袁盎系政坛的真小人还需我们对袁盎的为人处事作一番全面、细致的分析、拷问，以免一叶障目，有失偏颇，冤枉好人。

诋毁当朝太尉：混淆是非

我们就先来看看袁盎“进谏”的处子秀。话说吕后驾崩后，太尉周勃同志在众元老大臣及一帮贵戚、宗室的鼎力相助下，挫败了以吕禄为核心的反革命集团的篡权阴谋。汉文帝刘恒登上皇帝的宝座后，论功行赏，不但将周勃同志擢升为丞相，而且对他是礼敬有加。而这一切却引得大臣袁盎很不爽，他决定为此做点什么，他向汉文帝提出了一个看似轻松实则暗藏玄机的问题“陛下以丞相何如人?”汉文帝想也没细想就径直回应道“社稷臣”。袁盎见汉文帝上钩了，就接着反驳道“绛侯所谓功臣，非社稷臣，社稷臣主在与在，主亡与亡。方吕后时，诸吕用事，擅相王，刘氏不绝如带。是时绛侯为太尉，主兵柄，弗能正。吕后崩，大臣相与共畔诸吕，太尉主兵，适会其成功，所谓功臣，非社稷臣”。注意！袁盎的这番话显然是站在道德制高点上对周勃进行道德缺席审判，指控周勃作为一个“主兵柄”的太尉的道德瑕疵乃至于污点，然后就直接断定周勃只是“功臣”而不是“社稷臣”。其实，袁盎的这番言论完全是似是而非，一点也经不起推敲，试想如果太尉周勃真的按照袁盎的要求在吕后主政之时就与其硬碰硬地直接进行对抗，那吕后早把周勃给灭了，也就不会有后来的刘氏中兴了。虽说袁盎的这番慷慨陈词完全是强词夺理、混淆是非，但是很显然它对汉文帝的影响可是非同小可。不久之后，汉文帝就将周勃免使就国，紧接着等待周勃的便是锒铛入狱了……

那袁盎为什么要诋毁我们的太尉周勃同志呢？原来，袁盎最初是反革命吕禄的家臣，包衣奴才，本想着只要倚靠着吕禄这棵大树就能风光无限、前程似锦，谁曾想到吕后一死，厚重少文的周勃略施小计就将吕氏一党给灭了。原来投靠吕氏的那些人是杀头的杀头、流放的流放、免职的免职，不过还好袁盎有个好哥哥袁哙，他在危难时刻搭救了袁盎一把，保荐他做了个中郎。虽说袁盎没怎么受到牵连，但是袁盎还是与太尉周勃结下了梁子，也正是因为如此，才有了前面袁盎的这番诋毁周勃同志的高论了……

贬损宠信宦官：牵强附会

有一次，汉文帝刘恒同志心情不赖，准备外出巡游，依照惯例，汉文帝照旧让其亲信宦官赵同陪同乘车，谁知赵同前脚刚踏上御车，就见一个大臣模样的人突然伏倒在御车前方，不依不饶，阻挠御车开动。这要换了别的皇帝，扰了自己出游的大好兴致，早就该要兴师问罪了，可我们的这位汉文帝是历史上都罕见的仁厚之君，有名的好脾气，只见他不气不恼，仔细瞅了瞅车前之人，才发现这位阻挠御车开动的人原来是本朝著名的“谏臣”袁盎同志。于是乎，汉文帝耐着性子问袁盎“袁爱卿，你这是为何呀”？只见袁盎又是一番慷慨陈词，“臣闻天子所与共六尺舆者，皆天下英豪。今汉虽乏人，陛下独奈何与刀锯馀人载！”虽说袁盎的这番话有将宦官们一棒子全打死及歧视天下残疾人之嫌，但是大宦官赵高乱秦的教训就摆在眼前，汉文帝也就不得不纳谏了，于是乎，汉文帝微笑着让亲信宦官赵同走下了御车。

事后，满朝的文武大臣们都为袁盎敢于直谏的行为竖起了大拇指，给点了个大大的赞。只不过，只有袁盎自己知道，自己这番慷慨陈词的出发点并非是为了大汉的江山社稷而是另有隐情罢了。原来，宦官赵同老早就看不上袁盎这种人，与袁盎老早就结下了梁子，他仗着有汉文帝的宠信老是动不动就在皇帝面前诋毁袁盎，打他的小报告，给他穿小鞋，对此，老奸巨猾的袁盎早就心里明镜似的，只等着找机会好好收拾这个大阉人，于是乎，才有了上面袁盎这番进谏的“高论”……

折困当朝丞相：小肚鸡肠

有一次，吴国相国袁盎带着一帮子手下雄赳赳气昂昂地回老家探亲，在半路上恰好遇到当朝丞相申屠嘉，便赶紧下车行礼拜见，从礼节上来讲，丞相申屠嘉此时也是应该下车还礼的，更何况此时的吴相袁盎也算是当朝的名臣，即便是主子汉文帝对他也都是以礼相待的。可是，丞相申屠嘉同志只是从车上向袁盎表示谢意给回礼了事，并没有下车还礼。这要换了旁人，即便是当朝丞相有失礼之处，但毕竟是官大一级压死人，心里嘀咕几句也就罢了。可是袁盎就不同了，他心气小，他一回到家里，越想越气，总感觉自己在下属官吏面前丢了面子，气不打一处来，便到丞相府上找申屠嘉同志理论。谁知，申屠嘉摆了很长时间的谱才出来会见袁盎。袁盎决定用言语去教训一下这个傲慢的当朝丞相。袁盎于是乎对申屠嘉侃侃而谈，他先是将申屠嘉与先前的陈平、周勃两位名相比功劳，毫无疑问，申屠嘉与他们相差何止千万里，自然不是个，接着他又指出汉文帝是一位善于纳谏的明君，最后袁盎则明面上看是关心实际上则是打击地向申屠嘉提出了一个“夫以圣主责愚相，君受祸不久矣”大命题。

经过这么一番大折腾，袁盎硬是把一个历经宦海沉浮的老丞相申屠嘉同志说得是一愣一愣，后来还不得不向他赔礼才了事。袁盎也最终挽回了自己的面子，取得了这场口水仗的彻底胜利……

构陷御史大夫：不择手段

前面提到的这几件事都是袁盎下的小菜，更绝的一件是袁盎在构陷御史大夫晁错时所用的高招了。袁盎与晁错二人虽说是同朝为官，然而二人却是一对生死冤家，晁错向来就看不上袁盎，袁盎更是看不起晁错，按司马迁在《史记》中的说法就是“盎素不好晁错，晁错所居坐，盎去；盎坐，错亦去，两人未尝同堂语”。汉景帝刘启承继大统后，朝廷立马就开展了一场轰轰烈烈的以“削藩”为核心的政治改革运动。虽说“削藩运动”本是件利国利民的大好事，但是由于“削藩运动”损害了各诸侯国的既得利益，随即就引发了各诸侯国既得利益集团的剧烈反弹，吴王刘濞等人顺势以“诛晁错以清君侧”为口号发动叛乱，史称“七国之乱”。

彼时的袁盎作为朝廷大臣按理说应该与御史大夫晁错同志捐弃前嫌，同心抗敌，然而，袁盎却因晁错曾法办他收受吴王刘濞贿赂一事而耿耿于怀，打起了自己的小九九，还不动声色地搞起了“倒晁错”的非组织活动。他先是找到贵戚窦婴，欺骗窦婴说吴王刘濞反叛只因奸臣晁错乱政的缘故，只要诛杀晁错，“七国之乱”便可彻底平息。此时的汉景帝正因“七国之乱”一事而焦头烂额，不知所措，看到窦婴、袁盎前来解围自然是欣喜万分，就请他们帮着出谋划策。袁盎曾经担任过吴国的相国，是朝臣中研究吴国问题的权威，对于“七国之乱”的实质他心里也是一清二楚，可是为了置政敌晁错同志于死地，他既罔顾事实也不管什么国家利益，向汉景帝有模有样地大说了一通“只要晁错一死，‘七国之乱’便可自然平息”的高论。于是乎，忠心体国的晁错同志在袁盎的构陷下便只能是死于非命了……

著名学者易中天曾对袁盎的品行给予过高度评价，他认为袁盎“是一个很正直、很正派的人……是真正的‘士’，堪称‘无双国士’”。其实，鉴别袁盎品行是高尚抑或是卑劣最好的试金石就是细细观察、好好品味其在大是大非政治问题上的表现了。“削藩运动”可算是文、景两朝的头等大事，袁盎在“削藩运动”台前幕后的糟糕表现就现出了其政坛真小人的原形。袁盎先是在担任吴相时就放弃职守，大肆收受贿赂甚至与乱臣贼子刘濞沆瀣一气；在“七国之乱”爆发后，袁盎又不思以身报国，反而一门心思只顾“借公言而报私怨”构陷忠臣晁错同志。若是品行如此低劣之人尚不能定性为政坛真小人，是不是也有失于历史的公允呢？虽说袁盎在谏妃之宠及谏阻汉景帝诏立梁孝王为太子等问题上的表现也可算是可圈可点，但是瑜不掩瑕，纵观袁盎的政治生涯，鉴于其诋毁周勃、贬损赵同、折困申屠嘉、构陷晁错等诸多无耻行径，盖棺论定，袁盎终究逃脱不了政坛真小人的历史定位。

孤臣晁错死因之探

先来看一段父子之间的经典悲情对白。

父曰:"上初即位,公为政用事,侵削诸侯,别疏人骨肉,人口议多怨公者,何也?"子曰:"固也。不如此,天子不尊,宗庙不安。"父曰:"刘氏安矣,而晁氏危矣,吾去公归矣!"遂饮药死,曰:"吾不忍见祸及吾身。"

此段悲情对白中的主人公系西汉景帝一朝的悲剧英雄晁错和他绝望的父亲,该段对白被司马迁记载于《史记·袁盎晁错列传》,对白发生的背景在晁错主导削藩导致七国之乱前夕。余每每品读《史记》至此,则不禁潸然泪下,既为晁错治国平天下的雄心壮志,更为其虽千万人吾往矣的为国死难的悲情。

果然,晁错之父"死十余日,吴楚七国果反,以诛错为名,及窦婴、袁盎进说,上令晁错衣朝衣斩东市"。每每品鉴《史记》及此,则既感叹于政治行当的高风险性,更悲愤于刘氏朝廷的刻薄寡恩。

晁错既是汉景帝时期的一代帝师,亦系汉景帝刘启同志的亲信宠臣。晁错的一生为促成名垂青史的"文景之治"可以说曾立下过汗马功劳,只可惜他却在削藩平天下的这一节骨眼上被汉景帝抛弃"衣朝衣"斩于东市,真可谓是出师未捷身先死。毋庸多言,晁错被冤杀的原因自数千年以降都是众说纷纭,见仁见智,莫衷一是,有人将晁错被害的矛头直指政敌窦婴、袁盎等人的无耻构陷，有人将责任的板子打在听信谗言滥杀忠臣的汉景帝刘启身上。然而，与常人多从外部切入探寻晁错之死因有所不同，宋代苏轼则另辟蹊径，从晁错本人（内部）的角度出发来探寻其被冤杀的真正原因。苏轼作为一名满怀正义感的封建士大夫，他在《晁错论》一文中站在道德的制高点上，从泛道德主义的角度出发，指责晁错“己欲求其名，安所逃其患，以自将之至危，与居守至安，己为难首，择其至安，而遣天子以其至危”，并且进一步推断“错之所以自全者，乃其所以自祸欤”。

虽说苏轼从晁错本人（内部）的角度出发去探寻晁错被冤杀的原因有其固有的价值，但是如果仅仅从泛道德主义角度出发则似乎有将复杂的原因简单化之嫌。笔者以为，如果从晁错本人（内部）的角度来解读，那造成晁错人生悲剧的真正原因乃系其人生角色的根本错位。揆诸史料，晁错同志无疑是一位天生的思想家、政论家，但是他绝非是一名出色的政治家，因为他欠缺作为一名出色的政治家所应有的纵横捭阖的能力。天生为思想家的晁错却整日幻想着自己有朝一日能成为一名出类拔萃的政治家，而这不仅是强其所难，更是让其自取其祸，因此，晁错的人生结局早就注定将是悲剧性的。

帝师晁错：自负的孤臣

首先来说说晁错的性格局限。司马迁在《史记·袁盎晁错列传》中描述晁错的性格时说他“峭直刻深”，这四个字翻译成现代白话文就是严峻、刚正、苛刻、严酷。具有“严峻、刚正、苛刻、严酷”这种性格的人能成事，但如果过于偏执一端则更容易坏事，因为此种性格走向极端的话特容易对人吹毛求疵、小肚鸡肠，遇事不懂得妥协也就更不能容人，特容易四面树敌，而如果四面树敌的话那就是政治人物的大忌了。这不刚到削藩的节骨眼上，御史大夫晁错就不但与窦婴、袁盎等政敌的权力斗争到了你死我活的地步，而且与其平常没有太多过节的丞相陶青、中尉陈嘉、廷尉张欧及周亚夫、郦商、栾布等大臣也是公开不和了。

再来看看晁错的异常的升迁之路。晁错早在汉文帝时就撺鼓着削藩来加强中央集权，只因汉文帝认为削藩的时机尚未成熟而作罢，后来汉文帝干脆将他打发到太子刘启那，给他安排个太子舍人了事。没想到这一贬倒成了晁错仕途的转机，他刚任太子舍人就与太子刘启同志颇为投缘，二人打得是火热，很快就成了太子的首席智囊，在刘启继位之后不到三年，晁错就从中大夫这个中级官位一路扶摇直上直接干到了位列三公之一的御史大夫，其升迁速度之快简直有如坐直升机一般。俗话说"树大招风"，本来按常理来说晁错在这种情况下为官应该谨慎、低调才是，可我们的晁错同志偏偏就不是这种低调的人，这不，在此期间他就接连得罪了包括丞相申屠嘉、贵戚窦婴、谏臣袁盎在内的多名重量级政治牛人。

最后来谈谈晁错鲁莽的行事风格。晁错的行事风格，简而言之就是过于鲁莽，不讲程序，套用现在的法律术语来形容就是做事非常不符合程序正义原则。晁错同志在飞黄腾达之后，倚仗着汉景帝对他的宠信恣意妄为，即便是在处理像修改朝廷法令这样的大政方针时也都常常自行其是，既不请示也不报告，更从不与同僚们沟通、商讨来通过正当的行政程序办理，而是越过朝廷的主管官员、丞相直接与汉景帝单独商议然后就直接颁布施行。为此，老丞相申屠嘉曾经想利用晁错"擅凿庙垣为门"的罪行将晁错"下廷尉诛"，只可惜后因汉景帝对晁错的庇护而只得作罢。

总而言之，晁错的性格局限以及异常的升迁之路再加上其鲁莽的行事风格逐渐地促使他在整个大汉朝廷中变成了一名名副其实的孤臣。而这也就为其最终的悲剧命运埋下了伏笔。

思想的巨人与行动的矮子

毋庸置疑，晁错同志是一位天生的思想家，他所撰写《守边劝农疏》《复言募民徙塞下》《令民入粟受爵疏》《论贵粟疏》《举贤良对策》等文章无不闪烁着真理的光芒，但是他却只是一位相当蹩脚的政治家，因为他的政治决策、执行能力真得很难让人恭维。我们还是以晁错一手操盘的削藩运动为例来加以说明。

汉景帝二年，晁错又一次向主子刘启陈述诸侯们的罪过，请求削减封地，收回旁郡，提议削藩，为此，他在《削藩策》中端出了“今削之亦反，不削亦反。削之，其反亟，祸小；不削之，其反迟，祸大”的著名观点。汉景帝三年，在晁错的具体操刀下，大汉朝廷正式开展了一场轰轰烈烈的削藩运动。

先来看看削藩时机的选择不当问题。削藩是一场涉及中央与地方、朝廷与诸侯国之间的深刻利益调整的政治改革运动，为避免既得利益集团的反对、阻挠，只有选择好恰当的削藩时机才能避免引发社会动荡乃至战争。晁错主导的削藩运动在时机的选择上明显不当：首先，在削藩时，汉景帝才刚继位仅仅三年，威望明显不足、权威明显不够，既没有足够的政治资本来震慑朝廷中的反削藩派，更没有足够的政治威信去威慑以吴王刘濞为代表的地方实力派；其次，直到削藩之时，大汉朝廷上下对于是否需要削藩、能否削藩以及如何削藩尚没有共识，未能形成一股削藩的合力，权臣窦婴、谏臣袁盎等人在削藩等问题上就公开与晁错唱反调。俗话说“攘外必先安内”，朝廷内部尚且一盘散沙，要想削藩不出状况实在是不太可能。总之，晁错决意削藩的“汉景帝三年”实在不是一个什么削藩的好时机。

再来看看削藩的策略失误问题。在削藩的基本方针确定之后，正确的策略选择就显得至关重要。在具体的削藩策略问题上，晁错恰恰犯了一个致命的错误——四面树敌。本来,削藩的理想策略是分散各诸侯国的实力,瓦解他们的内在联系,对各诸侯国最好是来一个各个击破的策略,搞一个分而治之的方案。当然,具体的方案选择可以是先削诸侯国中实力最强的吴国,直捣吴王刘濞这个诸侯国中的灵魂人物,也可以是先削实力比较弱的楚国、赵国、胶西国等诸侯国,最后再集中全部精力对付诸侯国中最具实力的吴国。可晁错的削藩方案却偏偏反其道而行之,它不管是实力弱一点的楚国、赵国、胶西国等诸侯国,还是其中最为强大的吴国,不分主次,不管先后,来了个一锅烩似的削藩运动,这就明显犯了机会主义的错误。

最后来看看削藩后的准备不足问题。本来,晁错在他的《削藩策》中已经正确地预见到了削藩必然引发诸侯国发动叛乱的严重后果,但是他与汉景帝好像并没有为此事先准备好应对的预案或者说其事先准备的预案是无效的。否则,当七国之乱爆发之时,汉景帝与晁错之间就不会因为究竟谁应该挂帅出征、谁应该留守后方没有共识而争论不休以至于差点手足无措了。苏轼也正是基于此,批评晁错同志不讲政治、不顾大局,竟然要求主子汉景帝挂帅出征"遣天子以其至危"而自己则想留守大后方"择其至安"。而这也正是晁错最终被汉景帝衣朝衣斩于东市的导火索。

当然,除了上述种种原因之外,晁错迟钝的政治嗅觉或者说是政治洞察力也是造成其人生悲剧的另一个至关重要的原因。试想,当"吴楚七国果反,以诛错为名"发动叛乱而窦婴、袁盎等政敌又向汉景帝"进说"打他的小报告并且还不让其在场之时,晁错就应该预见到自己处境的极端危险,而我们的晁错同志对此竟然丝毫没有觉察,就更不用说是妥善应对了。而这,与其说是他暂时忘记了"伴君如伴虎"这句至理名言,还不如说是他政治嗅觉的反应也过于迟钝了吧。

当我们数千年之后再来重新审视这场由晁错操盘的削藩运动时,

很容易惊人地发现这是一场事前没有共识就仓促上场，事中操盘手临阵怯场手足无措，最后侥幸倚靠周亚夫同志的军事天才才能得以取胜的一场政治改革运动。当然，这与其说是一场政治改革，倒不如说是一场政治豪赌，只是它明面上的赌注仅是晁错一家老小的身家性命，而背地里的赌注则是汉景帝刘启同志的锦绣江山罢了。

明代大思想家李贽曾评价晁错"错但可谓之不善谋身，不可谓之不善谋国也"，其实，对于那些有志于治国平天下的政治家而言，谋身和谋国的界限有时并非如此的泾渭分明，谋身与谋国自当合为一体，否则，自身尚且自顾不暇，则何以谋国。春秋时鲁国大夫叔孙豹曾提出做人"三不朽"的标准即所谓"立言、立功、立德"，纵观整个中华文明史，即便是那些所谓的历史大牛人，真正能够做到"三不朽"其中之一就当属凤毛麟角、屈指可数了。而本文的主人公晁错同志作为一个天才的思想家却嫌仅有一个"立言"的不朽还不够，一再贪心不足一味地去追求政治家才应有的"立功"的不朽标准，不亦于自取其祸乎，当然，笔者还是那句话，晁错之死就其本身而言乃是其人生角色错位之合乎逻辑之必然结果。

李勣政坛不倒的秘诀

常言道，不想当将军的士兵不是好士兵，这话本不错，它代表了士兵们的一种理想、一种气度、一种追求，不过，它的潜台词却是做了将军必定会比士兵好。其实，回顾历史，“将军”，特别是其中的所谓“名将”，这个曾经看似“高大上”的高端人群，在光鲜亮丽的名头背后，他们的命运事实上却并不像世人想象中的那么美好。揆诸史料，死于非命、不得善终可谓是名将的历史宿命，这一宿命用名将韩信临死前的感慨来说就是：“狡兔死，良狗烹；高鸟尽，良弓藏；敌国破，谋臣亡。天下已定，我固当亨！”对于名将通常所遭遇的死于非命、难以善终的悲剧命运，我们不妨称之为“名将陷阱”，纵览我国数千年的历史，坠入“名将陷阱”的人可谓是前仆后继、数不胜数，而能侥幸逃脱“名将陷阱”、打破悲剧宿命，平安着陆、寿终正寝的名将则实属凤毛麟角、少之又少。

然而，历史的吊诡在于草莽出身的李勣不但有幸打破了名将难以善终的历史宿命，逃脱了“名将陷阱”，而且后来还出将入相，成就了我国历史上极为鲜见的政坛不倒传奇。探讨李勣为人处世之道不仅有益于厘清隋末唐初这段历史，而且对于今天的我们也极具借鉴意义。笔者认为，李勣之所以能够逃脱了“名将陷阱”、创造政坛不倒的传奇，首先应归功于他在为人处世上的独到之处，简而言之，李勣在为人处世上真正做好了“忠”“义”“孝”“严”这篇四字箴言的大文章。

一、忠

如果说德才兼备是用人的基本标准的话，那么在古代此处的德首先就应表现为在处理上下级关系时下级对上级的忠。一个“忠”字知易行难，下属们最为可贵的政治品质，也是最为主子们所看重的政治品质。纵观李勣的一生，其先后经历了李密、李渊、李世民、李治等四位主子，对于其中的每一位主子，李勣都做到了一个忠字，而这也就奠定了李勣政坛不倒的政治基础。

武德二年，堂堂瓦岗义军被打败，义军首领李密走投无路，只得投降了唐高祖李渊。虽说李密投降了唐朝，但是他的手下李勣还有不少军队，也控制着不少地盘，此时的李勣面临着新的人生抉择，他可以追随李密的脚步投降李渊，也可以投降窦建德或王世充，另外，在投降的时候李勣既可以以自己的名义投降，也可以以李密的名义投降。要换做一般人，李密不行了，早就以自己的名义另攀高枝了，但是李勣却以为军队和地盘都不是自己的，自己与李密的主仆关系还没有断绝，就将手上的军队、地盘以李密的名义献给了李渊。唐高祖李渊得知事情的原委后，颇受感动，特地下诏对李勣大加赏赐，直赞他为“纯臣也”……

随着唐军的节节胜利，大唐王朝内部的派系斗争也益加激烈起来，争斗双方分别是以秦王李世民为首的“秦王党”和以太子李建成为首“太子党”。这两方是明争暗斗，渐渐势如水火，终于酿成了骇人听闻的玄武门之变。在玄武门之变前，争斗双方都对军事实力雄厚的李勣发动了拉拢攻势，双方封官许愿，可谓是无所不用其极。但是令人失望的是，李勣竟然在争斗双方之间玩起了中立的游戏，既没许诺加入秦王党，也曾对太子党说“不”。李勣的想法是这样的，自己的主子是李渊，一切都只能听李渊的，因此，他既不会站在太子党一边，也不会追随秦王党去发动政变，看看，是不是有点军队国家化的意思呢。

李世民晚年为了自己接班人的人选问题可谓是伤透了脑筋，最后打定主意选定清心寡欲、淡泊明志的李治为皇储。李世民临驾崩之前拉着李勣的手，不无感慨地对李勣托孤，说“朕思属幼孤，无易公者。公昔不遗李密，岂负朕哉？”李勣感涕，因啮指流血，当即允诺全力辅佐李治，赴汤蹈火，在所不辞。果然，李治登基不久，就与长孙无忌等一帮老臣在是否废后的问题上闹掰了。事情的缘起是这样的，李治想废王皇后立心仪的武则天，顾命大臣中长孙无忌、褚遂良二人坚决反对，斗争成败的关键是手掌兵权的顾命大臣李勣的态度，可以说李勣站在哪边，哪边就将获胜。李治无奈，只得寻求李勣的支持，李勣听后，只说了一句“此陛下家事，无须问外人”来表达对新皇帝的坚定支持。帝意遂定，而王后废，立武昭仪……唐高宗李治在李勣的力挺下取得了这场权力斗争的彻底胜利。而李勣则不仅兑现了自己当初对老皇帝李世民的承诺，而且还展现了自己对新皇帝李治的拳拳赤子之心。

历史上的名将难以善终的一个最重要的原因就是主子的猜忌，而李勣则以自己拳拳赤子之心成功地化解了主子对自己的猜忌，让主子安心、放心，最终自己也因此得以善终。

二、义

如果说李勣对主子们做到了一个“忠”字，那么他对朋友们则做好了一个“义”字。忠通常是适用于下级对上级之间关系的范畴，而义则适用于平等的朋友之间一种友好关系。对朋友讲义气历来被中国人视为一个人具有高尚道德的体现，据《新唐书》所载，李勣“及战胜，必推功于下。得金帛，尽散之士卒，无私贮”。李勣的“义”集中体现在当旧主李密和结拜大哥单雄信二人落难之时，李勣对他们有情有义。

话说李密投奔李渊后因郁郁不得志，就打起了歪主意，想再次举起瓦岗义军的大旗与李渊争天下，没想到被唐高祖李渊三下五除二就挫败了，李密只落了个谋反被诛的可耻下场。鉴于李勣同志是李密的旧部，李渊派遣使者来做李勣的思想工作，稳定他的情绪，要求他讲政治、顾大局。谁知，李勣向李渊提出了一个出人意料的请求，他请求为李密收葬，还向李渊大说了一通“自己与李密虽说不再是主仆关系但毕竟旧情难忘”等情真意切的话。李渊被李勣的人格魅力彻底感动了，当即就批了一个“准”字……

起义失败后，瓦岗寨的一帮老兄弟为了前程各奔东西，与李勣投奔李渊不同，单雄信则选择了王世充，后来单雄信兵败做了唐军的俘虏，依律应被判处死刑。李勣想尽一切办法去营救自己的这位结拜大哥，他先是向李渊上表，说“若贷死，必有以报，请纳官爵以赎”。在上表施救无果后，李勣心急火燎地赶到刑场送大哥最后一程，临到单雄信受刑之时，李勣对着单雄信就是一通号恸，还割股肉啗之说“生死永诀，此肉同归于土！”此外，李勣还将单雄信的儿子养在身边，视同己出……

三、孝

如果说李勣对朋友们做到了一个“义”字，那么他对他的父母、长姐则做好了一个“孝”字。古人特别讲究孝道，并将“孝”与“忠”联系起来，认为一个人如果在家中能孝敬父母、兄姐，推而广之，那么这个人在对待自己的国家、上级、主子时也一定能够保持忠诚。李勣是我国古代名将中将忠、孝两种品行有机结合的一个典范。

话说李勣年纪轻轻就参加了革命，根本没时间也没精力在家孝顺父母，家庭的全部重担都落到了他的长姐身上。待到革命成功之后，他本想好好地孝敬父母一番，可是那时父母早已过世。俗话说长姐如母，李勣就将对父母的孝敬之情投射到了长姐身上。当他长姐有病时，李勣不顾自己年老体虚，亲自为她做粥、喂药、端茶、倒水等，为此，李勣甚至连自己的胡须都烧掉了。要说是放在现代，烧掉几根胡须根本就不算个事，但是放在古代，烧掉胡须可就是件大事。面对此情此景，他长姐都实在过意不去了，就赶忙阻止他，谁知李勣就轻轻地说了一句"姊多疾，而勣且老，虽欲数进粥，尚几何？"然后一笑了之……

四、严

除了做到前文所提及的"忠""义""孝"三个方面外，李勣能够逃脱"名将陷阱"、成为政坛的不倒翁，还因为他对自己真正做到了一个"严"字。可以毫不夸张地说，李勣是我国古代名将中严于律己的典范。另外，必须要特别说明的是此处的严于律己中的"己"不单单是指李勣自己这个个体，而且还包括他自己在内的整个家族。

李勣对自己的严格要求主要体现为一个"廉"字。与唐初名将侯君集等人的贪婪无度相比，李勣可谓是名将中廉洁自律的典范。唐高宗李治就曾评价李勣，说"性廉慎，不立产业。今亡，当无赢赀。有司其厚赗恤之"。试想，当一代名将去世，他的丧葬费用尚且需要政府进行救济时，他的自律之严可以说到了有些不近人情的地步了。

李勣临终前所立的遗嘱，则体现了他对家族成员的管束之严。虽说"坑爹"是个现代词汇，但是在古代"坑爹"的现象也是屡见不鲜。这不，房玄龄、杜如晦、高季辅等唐初名臣不就是被不孝之子坑后声名尽毁的典型吗？据《新唐书》所载，对于有"不厉言行、交非类者"的子孙后代，李勣全权委托他的弟弟李弼实施"急榜杀以闻"的严厉制裁措施。

李勣去世后，唐高宗李治曾经非常中肯地评价李勣“奉上忠，事亲孝，历三朝未尝有过，性廉慎，不立产业”。这也正是李勣一生竭力实践的“忠”“义”“孝”“严”四字箴言的真实写照。而这，我想正是一代名将李勣得以政坛不倒、寿终正寝的真正秘诀。

裸官伍子胥死因之探

“裸官”一词，据百度百科的解释是指“裸体做官的简称，指配偶已移居国（境）外或者没有配偶，子女均已移居国（境）外的国家工作人员”。谈及裸体做官这种不算太正常的社会现象，许多人会想当然地以为这只是近些年来才涌现的一种官场现象，其实，揆诸史料，早在两千多年前的春秋时期，各诸侯国中就曾出现过我国历史上最早的一批裸官。而这其中名声最响、影响最大的一位裸官，则非吴国大夫伍子胥莫属。不过话又说回来，伍子胥也因热衷于做裸官开罪了吴王夫差而使他落了个自刎谢罪的不光彩结局。

伍子胥是吴王夫差得以称霸中原的关键性人物，曾为吴国的迅速崛起立下过汗马功劳，老了老了却沦落到被主子夫差以属镂之剑赐死的悲惨下场。毋庸多言，伍子胥被赐死的原因可谓是众说纷纭，见仁见智，莫衷一是，有些人将矛头指向卑鄙无耻设计陷害伍子胥的谗臣伯嚭，有些人会将板子打在昏庸无能听信谗言滥杀功臣的吴王夫差身上，然而，细细考量，伍子胥本人似乎应对自己的悲剧结局负有更重的责任。

导火索：做裸官是个危险的游戏

先来说说伍子胥做裸官的故事。话说吴王夫差定下了北伐齐国称霸中原的基本国策后，盘算着再使外交手段麻痹一下强大的齐国，以便收到突袭的奇效，于是，夫差就精心挑选伍子胥作为吴国的特命全权大臣出使齐国。夫差之所以选择伍子胥出使齐国主要是基于以下考虑：一是伍子胥与齐国的当权大臣——大夫鲍牧私交甚笃，派伍子胥出使有利于麻痹齐国朝野；二是夫差想通过派遣伍子胥出使齐国一事借机考验一下自己并不十分放心的伍子胥。谁知不试不知道，一试吓一跳，伍子胥还没开始动身就在吴国朝野散布失败主义论调，“说北上攻打齐国将得不偿失，失败是必然的，只有南下先灭了越国才是唯一正确的道路”，然后还趁出使之机将老婆、儿子一齐捎上带去了齐国，一开始大家还不明就里，怀疑伍子胥是用公款带家人去齐国旅游一番，直到大家听说伍子胥曾对儿子说，“吾数谏王，王不用，吾今见吴之亡矣。汝与吴俱亡，无益也”时，人们才恍然大悟，原来伍子胥是准备玩做裸官的游戏。这还不算，伍子胥来到齐国之后，便将妻儿老小一股脑地托付给齐国当权大臣鲍牧，要求他给予特别照顾……

当夫差得知自己素来疑忌的伍子胥不但和自己玩起了做裸官的游戏而且还有“里通敌国、吃里爬外”之嫌时，本来还在杀与不杀伍子胥之间犹豫、徘徊的心终于无比坚定起来，据《史记》所载夫差“王始不从，乃使子胥於齐，闻其讬子於鲍氏，王乃大怒，曰，伍员果欺寡人！役反，使人赐子胥属镂剑以自杀”。

实质：路线斗争失败的产物

当吴国打败楚国、越国迅速崛起之后，吴国朝廷上下却在国家的基本国策的问题上产生了严重的分歧，顿时陷入了一场空前严重的政争。彼时，吴国朝廷对于国家下一步的发展战略有两种截然不同的意见，分别是以伍子胥为首的“南下派”和以夫差为代表的“北伐派”，“南下派”认为越国才是吴国的心腹大患，应该奉行“攘外必先安内”

的基本国策，只有在彻底解决了越国问题之后才能再北上伐齐，争霸中原，而“北伐派”则认为越国已经被吴国打趴下且已经完全臣服，没有必要再与越国纠缠，越国问题已经不足为虑了，直接北伐打败齐国称霸中原才是王道。

本来按道理来说，夫差是吴国的国王，能力也相当了得，在基本国策、国家发展战略的问题上应该是个说一不二的狠角色，但是“南下派”的代表人物伍子胥也不是个等闲之辈，他不但是三朝元老，曾为吴国的崛起立下赫赫功勋，而且是彼时公认的军事家、谋略家，在吴国素有威望，因此，支持伍子胥南下主张的大臣也不在少数。一时间“北伐派”和“南下派”双方势均力敌，且渐有分庭抗礼之势。此情此景，夫差同志可谓是洞若观火，“南下”还是“北上”不但是朝臣之间在基本国策、国家发展战略等问题上的分歧，更是君臣二人之间的一场权力之争、话语权之争，自己已退无可退，必须放手一搏。如果换作一般人，在此种情形下应当以大局为重，适时放弃自己的“南下”主张，可伍子胥同志偏偏就不是个妥协退让的主，不管别人如何做思想工作，伍子胥就是寸步不让。吴王夫差在正式北伐之前，为了稳定朝局，使群臣齐心北伐，也为了杀鸡儆猴，就不得不牺牲我们的伍子胥同志了……

催化剂：道德上的重重污点

俗话说“做大事者不拘小节”，这里所谓的“小节”内容丰富，饱含深义，一般而言是指道德准则。揆诸史料，凡是要想成就一番事业、建立一番功名的人在情非得已的情况下的确是不应被世俗的道德准则所困扰，否则将有可能一事无成，而这也就是“做大事者不拘小节”行为准则的合理性。可是，所谓的“不拘小节”也是有道德原则、道德底线限度的，行事者不能轻易地突破道德原则、道德底线所能允许的限度、范围,否则,所谓“不拘小节”的行为在政治上很容易留下后遗症,日后演变成政治斗争中压垮骆驼的最后一根稻草。伍子胥同志不拘小节的行为使得他身上留下了太多的道德污点,而这无疑对他的悲剧结局起到了催化剂的加速作用。

伍子胥的道德污点包括但不限于:(1)对父亲不孝,当老父亲伍奢被楚平王囚禁命悬一线之际,伍子胥不是像他哥哥一样前去积极营救而是逃亡他国,没有尽到对父亲的孝道,后来谗臣伯嚭正是利用这点向夫差进言,“伍员貌忠而实忍人,其父兄不顾,安能顾王?”以此来打击政敌;(2)对朋友不义,当伍子胥与楚太子建逃亡至郑国,郑国君臣对伍子胥、太子建等政治难民待之以贵宾之礼,伍子胥不但不思报效反而与晋顷公等人勾结阴谋发动政变推翻郑国国君的统治,上演了一个现实版的农夫与蛇的故事;(3)对主子不忠,当伍子胥最终定居在吴国后,吴王僚对伍子胥颇为器重,委之以重任,但是伍子胥却不满于此,顷刻之间又和早有异志的公子光勾勾搭搭,打得火热,还将刺客专诸敬献给了公子光,自己像没事儿人似的“退而与太子建之子胜耕於野”,直等到公子光政变成功后也去“摘桃子”。伍子胥身上所背负的不忠、不孝、不义等诸多道德污点,最后都成了加速伍子胥死亡的催化剂。

其他:直谏可是门艺术

在我国数千年的文明史上,大臣向君王直谏向来被认为是一门极其危险的政治游戏,纵览历史,因直谏而身首异处的大臣可真是不少;因此,一般人通常并不尝试采用直谏的方式进言,但是伍子胥家族的人却好像正与此相反,在他们身上似乎都留存着直谏的基因,只要是他们认定为正确的事情,他们是该怎么谏就怎么谏,从不藏着掖着。话说伍子胥的先祖叫伍举,在侍奉楚庄王就是个直肠子、炮筒子,曾经就以直谏而名满天下。到了伍子胥的父亲——伍奢这一代,伍奢理所当然地继承了老伍家的直谏传统。话说当楚平王因大臣费无忌的挑拨离间而与楚太子建势同水火之际,伍奢就曾直言不讳为太子建打抱不平说,“王独奈何以谗贼小臣疏骨肉之亲乎?”为此,伍奢落了个被楚平王诛杀的悲惨下场。

虽说直谏是他们老伍家的侍君之道,但是伍子胥在直谏的路上走得似乎比他的先辈们都更远。据《史记》所载,伍子胥前前后后共向吴王夫差直谏过三次,三次直谏的主题都与越国有关。伍子胥三次直谏的内容大意都是说服夫差趁勾践战败之机,灭了越国,然后再北上争霸,可惜夫差因听信伯嚭的谗言而未能谏纳伍子胥的忠言,最终不得不吞下败走“麦城”国破家亡的苦果,当然这都是后话。纵观三次直谏,伍子胥进谏的言辞可谓是越来越激烈,也越来越不给主子夫差留面子,以至于伍子胥曾想到过用以死进谏的方式来迫使夫差改变既定的基本国策。当伍子胥的直谏渐渐地演变成了强谏,主子夫差对伍子胥的忍耐也就到了极限,剩下的便只能是那句老话“忍无可忍无须再忍”——赐伍子胥以属镂剑自刎了。

俗话说“伴君如伴虎”,其实,当主子夫差认定臣子伍子胥系以直谏博取美名在前,里通敌国吃里爬外在后,还在吴国朝廷悠哉地做着裸官,再联想到伍子胥种种人格上的污点,吴王夫差对伍子胥这位下属恐怕是早已厌恶之极,心想,“这个伍子胥是既要当婊子又想立牌坊啊”,彼时,伍子胥的悲剧下场也就早已注定,伍子胥的灭亡之日也就为时不远了。

陈平的权变之道

“权变”一词，据百度百科之解释是指“灵活应付随时变化的情况”，常用于政治领域，它的要义在于“变”字，它要求在底线、原则允许的范围内随机应变以更有效地达到目的。纵览有汉一代，帝祚延绵数百年，政治领域人才辈出，谈及长于权变之政治人物，可谓是不胜枚举，然若要论较身段之柔软、视野之开阔、处事之通达，窃以为则无人能出户牖侯陈平之右者。

娶娇妻：退而求其次

先从陈平找媳妇的故事说起。据《史记》所载，陈平是个典型的美男子，可谓是相貌堂堂、一表人才，司马迁称赞他“长大美色”，周勃、灌婴等将领羡慕嫉妒恨地评价陈平“平虽美丈夫，如冠玉耳，其中未必有也”。虽说陈平长得“高大帅”，却是个名副其实的屌丝，还一度差点成为找媳妇的困难户。按道理说，在男女比例尚未严重失调的秦末时期，如果择偶时不走极端，断不应该出现这种咄咄怪事。难道说是另有什么隐情？确实如此。原来，陈平找媳妇有一条底线：那就是他只认“白富美”，其他的一概都免谈。当乡邻们听说陈平找媳妇只认“白富美”时，大家也是醉了，心想，真是癞蛤蟆想吃天鹅肉，就凭你陈平，能找个“丑矮挫”就烧高香了，你看看他那副德行，家里穷也就罢了，还整个人又懒又馋，整天游手好闲的，哪个好姑娘要是嫁给他也算是白瞎了。

不过，陈平就是陈平，他是断不会自己打自己脸的，事情很快就有了转机。当时，阳武县户牖有个叫张负的大富翁膝下有个孙女，长得可谓是皮肤白皙、面容姣好、身材婀娜，是个典型的富三代，用现在的话来说简直就是个女神级的人物。可惜，这个“女神”却有个毛病——“克夫”，先前嫁了五次人，五任丈夫都死了，在整个户牖都无人敢再娶。陈平却偏偏不信这个邪，心想，瘦死的骆驼比马大，不管咋样，总比娶个“丑矮挫”强吧。当听说老张家是张负在主事时，陈平就走起了“爷爷路线”。有一次，乡邻中有人办丧事，陈平偶然得知张负在负责帮忙料理时，也主动的前去帮忙。张负在丧家见到陈平时，也一眼就相中了这个高大帅气的年轻人，陈平也就趁热打铁，利用一切机会和张负拉关系、攀交情，又是频频给点烟又是殷勤去致敬……果不其然，陈平如愿以偿地抱得美人归，自此，陈平赍用益饶，游道日广，终于实现了人生的第一次蜕变，乡邻们再不敢小觑昔日的穷小子陈平。

擒韩信：以己之长攻彼之短

再说说陈平智擒韩信的故事。汉六年前后，汉高祖刘邦渐渐地为如何收拾楚王韩信揪心起来，韩信这个军事天才，虽说在楚汉战争中屡建奇功，但是在和平时期却是颗不折不扣的定时炸弹，如果不及时消除将会是后患无穷。想到这里，韩信要挟自己自立为齐王的不堪回首的一幕顿时浮现在刘邦的眼前。刘邦再也坐不住了，立即指使手下人上书告发韩信谋反，并私下询问诸将平楚策略。周勃、灌婴等将领大言不惭地说，直接发兵灭了那穷小子，让那小子猖狂！刘邦自知要动武，肯定不是韩信的对手，无奈又去征求陈平的意见。陈平说，与陛下相比，韩信的优势在军事，在军事上我们一时间难以和他争锋，即使我们侥幸取胜，其代价也过于高昂，话说回来，韩信虽然在军事上是No. 1，但是在政治上他却是个侏儒，与韩信正好相反，陛下虽然军事上处于劣势，但是在政治上却处于绝对优势；因此，陛下不宜与韩信在军事上硬碰硬，否则得不偿失，而应多运用政治软实力，采用政治方法解决韩信问题。刘邦接着问，采取什么政治方法呢？陈平故作神秘地说，从古至今都有一项政治惯例那就是天子巡狩，各路诸侯都应前去拜见，现在南方的云梦泽就是个天子巡狩的理想之地，陛下只要假装巡狩云梦，楚国是南巡的必经之地，天子出巡，韩信作为臣子，目前尚不知道有人告发他谋反这档子事，肯定会在陛下南巡的路上恭迎陛下，此时，陛下恰好利用这种信息不对称的优势，埋伏好武士，要想擒拿韩信也就是分分钟的事。

刘邦采纳了陈平的计策，派出使者告知各路诸侯到陈县会面，刘邦一行尚未到达陈县，韩信果然到楚国郊外的路上大张旗鼓地迎接刘邦，可是，还没等韩信明白过来是怎么回事，韩信就被刘邦派来的武士逮个正着……

“斩”樊哙：瞻前顾后

话说刘邦击败英布后，病势沉重，心灰意冷，可是这时又听说连自己的发小燕王卢绾同志也谋反了，心情非常郁闷，便派樊哙率兵征讨。樊哙前脚刚走，后脚就有小人对刘邦进谗言说，樊哙系吕后一党，陛下如有不可讳，则戚夫人和赵王如意都将死无葬身之地，陛下不可不防啊！这下可点到了刘邦的痛处，要知道戚夫人可是他的平生最爱，刘邦听后极为震怒，便召陈平、周勃在病榻前受命，要二人速到樊哙军中斩杀樊哙，然后由周勃领军平叛。接受了诏命后，陈平、周勃两人嘀咕起来，樊哙这个人可不简单，既是皇帝的故交密友又是皇亲国戚，执行斩杀樊哙的诏命可是个烫手的山芋，且不说斩杀樊哙后刘邦如果后悔容易成为政治牺牲品，单说刘邦驾崩之后，吕后当权，吕后无论如何也饶不了斩杀自己妹夫的人，可是，眼下皇帝的诏命又不得不执行。二人思来想去，还是陈平技高一筹，他对周勃说，我们不如在执行这个诏命时打点折扣，将斩杀樊哙的难题交还给刘邦，将樊哙逮来交给皇帝，要杀要剐都由他自己亲自来处置。

事情也巧了，当陈平逮着樊哙返回时，刘邦就驾崩了，陈平当时也是吓出了一身冷汗，心想好在没按诏命斩杀樊哙，否则后果真是不堪设想，想到这里，陈平是一刻也不敢再耽搁，直接驱车日夜兼程地赶到京城。你可不要误会，以为陈平是因为皇帝死了很伤心，赶回去哀悼刘邦，其实，他是赶着回去解救自己去了。回到京城后，陈平立马觐见吕后，向吕后好好地解释了一通自己抓樊哙的前因后果，临了还不忘向吕后大表忠心，大说以后将在吕后这个领导核心的坚强领导下开展工作云云。吕后心想，现在尚在非常时期，正是用人之际，就好好安抚了陈平一番，不但说陈平功勋卓著、有大功于天下，还大赞陈平政治坚定、头脑清醒、大局意识强，是一位组织可以完全放心的好干部。尽管如此，陈平还是不完全放心，坚决请求留宿宫中，担任吕后的警卫，负责保卫吕后。吕太后实在是拗不过陈平，只得任命他做郎中令，把辅佐孝惠皇帝的重任交给了他。自此，陈平总算暂时渡过了一次重大的政治危机。

诓吕后：装疯卖傻

话说刘邦死后没多久，吕后为巩固自身的权势，想要大封吕氏子孙昆弟为王、侯，因怕大臣们有异议，便决定先对诸大臣考察一番，试试水温。吕后先问右丞相王陵，王陵是个直肠子，少权谋，直言道，“高皇帝约‘非刘氏不得王，非有功不得侯。不如约，天下共击之’，现在诸吕都不符合上述条件，因此既不能封侯，更不能封王”。吕后听后，一脸的不高兴，没过几天，就明升暗降将王陵的右丞相之位免掉了，以王陵担任皇帝太傅为名，让他回家养老去了。吕后接着又问左丞相陈平，高祖说过“非刘氏不得王，非有功不得侯，不如约，天下共击之”这话吗？陈平心里明镜似的，嘴上却说，这事实在是太久了，高帝说没说过这话，反正我是记不清了，不过我认为既然高帝在位时能封刘氏，现在太后您称制，大封吕氏也没有问题。吕后见陈平对自己如此忠心，就把陈平拉入了自己的“朋友圈”，让他接替王陵担任了右丞相。陈平也就乘势虚与委蛇，表面上与吕氏一党打得火热，暗地里却在默默地盘算着怎么收拾他们。

虽说陈平“投靠”了吕氏，吕媭还是常因从前陈平为刘邦捉拿樊哙一事而耿耿于怀，时不时就向吕后打陈平的小报告，说陈平这个人如何不仗义，占着茅坑不拉屎，当丞相不理政务，每天只知道饮酒作乐，还乱搞男女关系。陈平听到后，更来劲了，三天一小宴、五天一大宴，假装每天都喝得是云里雾里，连上朝议政这档子事也都忘得一干二净，另外，如果京城哪家妓院新来了漂亮姑娘，陈平更是第一时间就前去光顾。吕后闻知此事后，虽说在口头上训斥了陈平几句，暗地里却高兴得很。自此，吕后对陈平是彻底放心了……

诛诸吕：迫郦寄卖友

最后来说说陈平诛诸吕的精彩故事。吕后驾崩后，大汉朝廷实际上分裂为三大派，分别是以赵王吕禄、吕王吕产为核心的吕氏集团，以齐王刘襄立、代王刘恒为代表的宗室集团，以陈平、周勃等人为代表的功勋元老派。为争夺最高权力，宗室集团与吕氏集团之间展开了一场大对决，宗室集团人多势众，同时占据着道德制高点，而吕氏集团手握国家军政大权，双方倒也可以说是势均力敌。胜负的关键在于陈平、周勃等元老派的态度，可以说元老派倒向哪边，胜负的天平将倾向哪边。元老派最终选择了与宗室集团结盟,共同对付吕氏集团。

当时,在吕氏集团中有一个重要的智囊名叫郦寄,是曲周侯郦商的儿子,吕禄、吕产二人对郦寄很是器重,几乎到了言听计从的地步。陈平思虑再三,决定以策反郦寄为突破口,挖挖吕氏集团的墙角,给吕氏集团掺掺沙子。曲周侯郦商年老多病,陈平他们就绑架了郦商,然后胁迫郦寄就范。郦寄被逼得实在没有办法,只好欺骗吕禄、吕产说,"高帝与吕后共定天下,刘氏所立九王,吕氏所立三王,皆大臣之议,事已布告诸侯,诸侯皆以为宜。今太后崩,帝少,而足下佩赵王印,不急之国守籓,乃为上将,将兵留此,为大臣诸侯所疑。足下何不归印,以兵属太尉?请梁王归相国印,与大臣盟而之国,齐兵必罢,大臣得安,足下高枕而王千里,此万世之利也"。经郦寄这么一大通忽悠,吕产、吕禄二人顿时也没了主意,心想,郦寄这个自己人总归不会诓自己吧,就准备着交还将军印信,把军队交由周勃指挥,然后再风风光光地到封地守籓。陈平、周勃趁着吕产、吕禄等人精神松懈没有准备之时,突然接管了南北二军,然后遣人分部悉捕诸吕男女,无少长皆斩之,自此,那个曾经如日中天的吕氏集团就此灰飞湮灭……

俗话说"狂风起于青萍之末",在波谲云诡的政治领域向来如此,一个不留神便有可能掀起滔天巨浪,往小了说有可能导致个人折戟沉沙,往大了说则有可能导致国家万劫不复,户牖侯陈平能在险象环生的秦末汉初政治斗争中纵横捭阖、游刃有余,成功实现其年轻时"善宰天下"的人生梦想,而这一切与其说是他在冥冥之中吉人自有天相,倒不如说是他主动顺应历史潮流、长袖善舞、长于权变之功。

项羽用人上的败笔

在秦末楚汉争霸中，项羽由不可一世的西楚霸王，盛极而衰，竟然沦落到被迫自刎的可悲下场，个中原因固然很多，其中，不善用人就是项羽的一个致命缺陷。如果说刘邦是秦汉时期一个善于用人的正面典型，那么项羽就是那时候不善用人的反面教材。对于项羽在用人上的毛病，他曾经的下属韩信曾有过经典性的评价，韩信认为“项羽喑恶叱咤，千人皆废，然不能任属贤将，此恃匹夫之勇”。好一个“不能任属贤将，匹夫之勇”道出了项羽在用人问题上的真问题、大毛病。笔者认为，项羽在用人上的问题包括但不限于以下几个方面。

一、嫉贤妒能，气量狭小

先从韩信离开项羽单飞谈起。项羽与韩信二人都是秦末汉初时期的军事天才，所不同的是项羽出道早，成名在先，而韩信出道晚，属于后起之秀。如果说他们二人能够精诚合作的话，那将无敌于天下，其实，历史曾经给了项羽这样千载难逢的机会，可惜项羽没能把握住。话说项梁刚渡淮的时候，韩信就杖剑从之，但是韩信在项梁帐下没有混出什么名堂，项梁败了之后，韩信又跟随项羽南征北战，项羽也只任命韩信担任了郎中这样一类的散官。韩信这人有个毛病，就是特别喜欢给领导提意见、出主意。刚到项羽手下任职不久，韩信就开始给项羽献计献策，实事求是地说韩信提的很多计策都闪烁着真理的光芒，项羽也明明知道韩信的计策很有道理，可他就是不采纳。可能有人会很纳闷，这是为什么？如果要问项羽这么做的理由，听起来很可笑，无非就是现在人们常说的瑜亮情结，项羽就是这么任性，他是绝不会允许他的手下比他更会打仗比他更懂军事的。因此，纵使韩信说得再天花乱坠，项羽也就是答复一个字“No”。韩信是什么人，他能忍受胯下之辱，但是他不能忍受碌碌无为，浪费生命，所以他既不想忍也不能等，心想，“此处不留爷，自有留爷处”，孔雀西南飞，很快就投入了刘邦的怀抱。若干年后，当昔日的那位小郎中已经华丽转身为数十万大军的统帅时，项羽这才想起来拉拢这位曾经的下属，可惜，为时已晚。

再说说亚父范增与项羽闹掰的事。范增是项羽的主要谋士、头号智囊，屡献奇计，曾为项羽的崛起立下汗马功劳，主仆二人一个善谋一个善战，精诚合作，亲密无间，范增长项羽数十岁，项羽父事范增，尊其为亚父，用现在的话来说这二人天生就是一对“黄金搭档”，前途不可限量。谁知好景不长，裂痕就产生了。话说在鸿门宴上，范增力主诛杀刘邦，防患于未然，然而由于项羽的优柔寡断而被刘邦钻了空子，范增很生气，倚老卖老地当着张良的面将刘邦所送的玉斗拔剑撞破，并且大骂项羽“竖子不足与谋”。项羽听后受不了，于是就与范增对骂起来……

如果说在鸿门宴上的不愉快仅仅是使项羽与范增之间产生裂痕，那么接下来的这件事则让双方彻底闹掰了。话说西汉三年，楚汉战争升级，项羽屡次断了汉军粮道，刘邦缺粮严重，很是恐慌，于是想通过讲和来暂时缓解危局。项羽本想要答应，范增进谏说现在正是消灭汉军的好时机，不能放虎归山，否则将会后悔莫及。刘邦对楚军的攻势深为忧虑，就采用离间计来离间项王和范增。当时正好项羽的使者来了，刘邦就给他准备了丰盛筵席，打算好好利用一番。当看到使者时，刘邦假装惊愕他说，我以为是亚父的使者，没想到项王的使者，便把好酒好菜撤了下去，改换成粗茶淡饭。使者回来后，向项羽报告了自己的遭遇，项羽本来已识破了刘邦的伎俩，但是他觉得自己这个三军统帅在部下面前丢了面子，也就渐渐地对范增防范起来，还时不时地对其冷嘲热讽。范增这个倔老头，也是个坏脾气，忍无可忍，在大骂一通项羽之后，就扬长而去，结果还没走到彭城，就因背上长毒疮归了西。

二、识人不明，所用非人

先从司马欣、曹咎这两个小人物的发迹谈起。司马欣、曹咎是楚汉战争中两个不怎么出名却特别重要的历史人物。话说项梁、项羽起兵前，有一年，项梁曾因不轨行为在栎阳县被逮捕，将被判重罪，正在愁眉不展之时，忽然想起来自己的老熟人蕲县狱掾曹咎恰好是栎阳令司马欣的好友，于是项梁就让曹咎给司马欣打点打点，让司马欣为自己办办“关系案”“人情案”，放自己一马。你还别说，司马欣看在曹咎的面子上，就替项梁摆平了……

没过几年，项羽乌鸡变凤凰，率领各路义军攻入了京城咸阳。就在项羽为封谁当关中王而绞尽脑汁之时，他突然想起了项梁曾经的恩人司马欣。司马欣不但对自家有恩，自己信得过，而且在咸阳一带也素有威望。于是，项羽不管三七二十一就封司马欣做了塞王，让他管辖关中东部地区。不过，项羽这次看走了眼，你想啊，他司马欣能枉法裁判背叛秦王朝，凭什么就不会背叛你项羽。果然没多久，当刘邦还定三秦之时，司马欣抵挡不住，就干脆投降了汉王刘邦……

如果说项羽是对司马欣的人品看走了眼的话，那么他对曹咎看走了眼的是军事才能。话说项羽攻占咸阳后，因曹咎曾对项家有大恩且对自己忠心耿耿，就封曹咎做了大司马、海春侯。汉四年初，楚汉争霸到了最激烈的时候，项羽被迫率领军队向东进攻，委任忠诚的曹咎谨守成皋，临行前还不忘再三嘱托曹咎，“谨守成皋，则汉军挑战，慎勿与战，毋令得东而已，我十五日必诛彭越，定梁地，复从将军”。项羽率军离开后，曹咎一开始还是老老实实地遵守军令，坚守不出，刘邦得知后，颇为头痛，眉头一皱计上心来，就下令在成皋城边上设一高台，不分昼夜地在高台上百般羞辱楚军，前前后后骂了总共得有五六天，曹咎果然中计，心想，“是可忍孰不可忍，我就不相信灭不了你刘邦”，成皋也不守了，轻率地率军出战，刚渡汜水，汉军打曹咎一个措手不及，楚军大败，成皋失陷，楚军陷入战略被动，曹咎悔恨交加，只得在汜水河边自刎。

三、任人唯亲，用人之短

先来说说项羽和他那不争气的小叔父项伯的故事。如果说项羽的大叔父项梁是为项羽的崛起打地基的话，那么他的小叔父项伯则纯粹是给项羽的衰败挖墙脚。话说在鸿门宴之前，因刘邦先攻占了咸阳引起了项羽的不满，项羽本打算突袭刘邦，项伯仅仅因为与张良有旧，不但把准备突袭汉军的绝密军事情报透露给刘邦，使他逃过一劫，而且还与刘邦私下订了儿女亲事。按说泄露了这么重要的军事情报理应军法从事，最低限度也应该是打入冷宫、长期关禁闭，可是项羽下不了这个手，他对叔父项伯连句重话都没有，第二天还让项伯大模大样地参加了鸿门宴。要换了别人，犯了这么严重的错误，在鸿门宴上肯定是低头喝闷酒，可项伯就不是一般人，他不但喝得兴高采烈，还在项庄拔剑起舞，准备刺杀刘邦时用自己的身体翼蔽刘邦，直气得范增大骂项家人不足成事。按道理说，项羽这次总应当把项伯打入“冷宫”了吧，可是项羽还是于心不忍，没过多久，项羽交给项伯一项更重要的任务。话说九江王英布被刘邦用计策反，被迫只身逃走，尚未铁心反楚，他的旧部及一家老小都还留在九江，项羽知道拿住英布的旧部及一家老小是牵制英布的一着好棋，就把这项重要的任务派给了项伯。项伯到了九江之后，虽然完成了收编英布旧部的任务，但是却把英布的一家老小杀了个精光，直把英布气得七窍生烟，铁了心死心塌地在刘邦帐下效力……不过，话说回来，项伯的下场可比项羽好多了，项羽败亡后，项伯不仅没受连累，反而因鸿门宴上的“上佳表现”而被刘邦封为射阳侯。

最后来谈谈引发大谋士陈平千里大逃亡的故事。陈平不但与韩信一样，都曾在项羽帐下效力，而且还有着韩信一样的老毛病“爱给领导提意见”。想当初，陈平的头一个主子是魏王咎，陈平刚投奔魏王咎没多久，就开始给魏王咎进言提意见，魏王咎很是头痛，总觉得陈平这个小年轻太不谦虚，再加上有人说陈平的坏话，陈平没有了用武之地，只得投奔了项羽。过了没多久，陈平就跟随项羽入关攻破秦国，虽说项羽赐给陈平卿一级的高级爵位，但是项羽让陈平承担的都是些端茶倒水、迎来送往的事务性接待工作。还记得吧，在鸿门宴上，当刘邦以酒后需上厕所为由准备溜号时，项羽就曾经派遣陈平前去打探消息，想要召回沛公继续饮酒。时间一长，陈平对于这些事务性的杂活干着干着就厌烦了，这可不是他想要的生活啊，于是，他的老毛病又犯了，整天在项羽面前叽叽歪歪地献计献策，项羽实在是受不了啦，就索性派了陈平一项难缠的差事，封陈平为信武君，让他率部前去平定朝秦暮楚的殷王。按说这是一个建功立业的美差事，但是把这个差事派给陈平还真是有点难为他，因为虽说陈平足智多谋，甚至可以称为最好的谋士，但是他的执行力却很差，你真要他独当一面，领兵出征，还真是有点困难。不过还好，陈平暂时成功了，然而，由于陈平的失误还是留下了后遗症，这不，没过多久，刘邦又攻下殷地。项羽震怒，准备对上次平定殷地的将领进行严肃追责，全部杀掉。陈平害怕被杀，便封好项羽赏赐的黄金和官印，派人送还项羽，千里走单骑，投奔汉王刘邦去了……

按常理来说，楚汉争霸，双方势均力敌，人才应该是在楚汉之间双向流动才对，既有人才从楚军流入汉军，又有人才从汉军回流到楚军。可是，由于项羽这个楚军的当家人在用人上的败笔才直接导致了人才从楚军向汉军单向性流动的非正常情形的产生，而这也从某种程度上奠定了项羽的悲剧结局。

至乌江自刎之时，项羽还认为自己没毛病，是天要亡他，可谓是死不瞑目，也可以说是死不醒悟。其实，伴随着韩信的出走、陈平的逃亡、英布的叛变、范增的绝交、司马欣、曹咎的自刎等等，项羽早已不可避免地走上了一条不归路，只是临了临了，项羽还不知道反省己过而只知道一味地怨天尤人，以至于至死都是一个糊涂蛋，也许真是应了那句老话“可怜之人必有可恨之处”。

“谏臣”樊哙

提起樊哙，人们头脑中浮现的往往是那个大字不识几个，由屠夫华丽转身为常胜将军的粗人“猛张飞”形象。其实，揆诸史料，樊哙除了是一名标准的常胜将军外，还屡次承担谏臣的角色，通过进谏多次帮助主子刘邦成功地化解政治危机，笔者认为樊哙也可算是秦末汉初时期最为另类的谏臣了。

樊哙出身寒微，本是个粗人，没什么文化，找不到什么正经工作，只好在老家沛县以屠狗卖肉为生，虽说日子过得并不滋润，但也还算平稳。突然有一天，这种老婆孩子热炕头的平淡生活被打破了，屠夫樊哙有幸结识了亭长刘邦，两人你来我往，渐渐地成了莫逆之交，再后来，刘邦就引导他走上了反抗暴秦的“革命道路”，樊哙同志也就顺理成章地成了刘邦最早的一批追随者以及最忠实的粉丝。从此，屠夫樊哙一路坦途，走上了一条屌丝逆袭上位的成功之路。

起初，抗秦事业处于革命低潮，朝廷大肆拿捕“革命党人”，樊哙与刘邦一帮人被逼得没办法，只得暂时躲在芒砀山泽间建立秘密的革命组织，准备伺机而起。伴随着革命事业的不断发展，刘邦对樊哙的赏识也与日俱增，樊哙不但智勇兼备，更重要的是他对自己忠心耿耿，于是刘邦就委任他当了自己贴身的警卫队长，还亲上加亲将自己的小姨子吕须许给他当老婆。

没出几年，革命的高潮就迅速到来了，各路义军摧枯拉朽将曾经盛极一时的秦王朝打了个稀巴烂。其中，最早摘到革命“桃子”、尝到革命甜头的人便是汉王刘邦。话说刘邦攻占咸阳后，眼见秦宫“宫室帷帐狗马重宝妇女以千数”，贪财好色的老毛病很快又犯了，准备待在金銮殿上就不想走了。樊哙素知刘邦的为人，不但贪财而且好色，赶忙劝谏刘邦，说秦宫就是个大火坑，主公千万别往里跳，如果你还想争天下，赶紧“封秦重宝财物府库，还军霸上”，否则将死无葬身之地，主公你想想啊，如果你将“宫室帷帐狗马重宝妇女”据为己有，且不说将大失民心失去逐鹿天下的政治资本，单单是那个上将军项羽就不会善罢甘休，说不定我们在弹指间就会灰飞烟灭。听过樊哙的一席话，刘邦马上就明白过来，心中犯嘀咕，“真是士别三日，当刮目相看，樊哙这个屠夫也非复吴下阿蒙”，但是他并没有马上纳谏，因为这样也太没面子了吧，他得借坡下驴，总不能让人觉得他连屠夫的见识还不如吧。对于刘邦此时的心理，帝师张良心里明镜似的，他知道该他出场的时候到了。随后，张良就大说了一通应当“封秦重宝财物府库，还军霸上”的大道理，意思其实和樊哙说得都差不多，只不过比樊哙说得更要高深、更有历史感而已，刘邦就借机顺势说，既然大知识分子张良都这样说，那咱们就暂时先封秦重宝财物府库还军霸上吧。

樊哙的第一次进谏从表面上看好像并没有被刘邦谏纳，但是实际上却产生了纳谏的积极效果。如果说樊哙在秦宫对刘邦的头一遭进谏只是牛刀小试的话，那么樊哙在鸿门宴上对项羽的慷慨陈词则让他名垂千古。只不过，这次樊哙进谏的对象由沛公刘邦改换成了西楚霸王项羽。笔者认为，樊哙在鸿门宴上的惊艳表现，甚至也使张良、范增这两位当时的超级大谋士也都相形见绌、黯然失色。

话说刘邦还军霸上不久，因怕项羽怪罪，一大清早，就带着张良、樊哙等一帮人来京郊鸿门觐见项羽，向项羽谢罪。刘邦谢罪后，项羽的心情稍微好过了一些，但是还是没有完全原谅刘邦，于是就宴请刘邦，打算趁机再考察刘邦一番。当时参加酒宴的有项羽、刘邦、范增、张良、项伯等五人。一开始，酒宴双方是在和平友好的氛围中进行的，刘邦和项羽一会儿畅谈革命友谊，共同回顾走过的革命道路，一会儿又在一起缅怀在革命战争中牺牲的战友。但是，气氛很快就被老头范增给破坏了，这个老谋士一会儿给项羽递眼色，一会儿又是举玉玦，项羽全当是没看见，其实他的内心极其地矛盾，是杀刘邦呢还是不杀呢，这是个问题。急不可待的人是范增，他见项羽有妇人之仁，立马找到项羽的堂弟项庄，让他乘敬酒舞剑之机杀了刘邦。见此情景，张良无计可施，只得来军门搬樊哙这个救兵。樊哙二话不说带着宝剑拿着盾牌就往军门里闯，挑开中军帷帐面朝西站定。项羽紧握宝剑，挺直腰板，喝问谁人胆敢硬闯中军大帐，然而，当得知来人是猛将樊哙时，顿时怒气全消，又是赐酒又是赐肉，好像找到了一种久违的英雄惺惺相惜的感觉。樊哙趁机向项羽进谏说，将军，您是各路义军的盟主，理应赏功罚罪，如今沛公历经千辛万苦击败秦军进入咸阳，秋毫无犯，如今你不按约定封沛公为关中王也就罢了，您反而听信谗言，要诛杀功臣，我个人以为您作为一个顶天立地的大英雄，是不齿于采取这种下作手段的，否则不但有损您的英名而且会使您步秦朝灭亡的后尘。项羽转念一想，也对，革命尚未成功，同志仍需努力，现在尚不是诛杀功臣的时机，如果说上次诛杀宋义还师出有名的话，此时诛杀刘邦将无论如何也无法向各路义军解释，这对于收买人心称霸天下也是极为不利，另外再说，就凭自己的实力，以后如果要想收拾刘邦那也不就是分分钟的事吗，于是项羽就暂时打消了在鸿门宴上诛杀刘邦的心思。刘邦瞅准时机以酒后上厕所为由与樊哙等四人脚底抹油，悄悄地溜回了霸上军营，从而彻底避免了一场杀身之祸。

司马迁在《史记》中虽然高度肯定了樊哙在鸿门宴上英勇救主的

壮举，但是他把樊哙说服项羽的一番话看成是樊哙对敌方领袖的一次责难、诓骗。其实，笔者认为与其说是樊哙在对项羽这个义军盟主不当行为进行责难、诓骗，倒还不如将樊哙说服项羽放弃诛杀刘邦的行为看成是下属樊哙以解救刘邦为目的对上司项羽的一次成功的进谏活动，因为平心静气地细细分析，在鸿门宴上实在不是诛杀刘邦的恰当时机，此时诛杀刘邦，楚汉双方都将会是一个双输局面，得不偿失，将产生极其严重的后遗症。因此，我们不能用后来刘邦夺了项羽江山的终极结果来作为项羽在鸿门宴上应当诛杀刘邦的证据。

如果说樊哙的前两次进谏确定了他在姐夫刘邦心目中的崇高形象，那么樊哙的第三次进谏则确定了樊哙在大汉群臣中的领袖地位。话说在大将黥布举兵造反的时候，汉高祖一度病势沉重，心灰意冷，讨厌见人，他整天躲在长安深宫之中，不理朝政，只顾与一群宦官玩闹嬉戏，并且诏令谁来也不见。当时，即便是像周勃、灌婴这样的元老重臣都不敢进宫打扰。这种情形持续了约有十几天，朝政都乱成了一锅粥，樊哙和群臣多次相商，决定冒险闯宫进谏，樊哙居首，群臣跟随，进宫一看，只见汉高祖孤身一人头枕着一个宦官躺在龙床上喝酒嬉戏。樊哙等人见到汉高祖之后，痛哭流涕地进谏道，想当初陛下率领我们一道从丰沛起兵，意气风发，平定天下，那是何等威风，而如今您富有天下，您又是何等的颓废，现今您宠信宦官，疏远群臣，并非社稷之福，赵高亡秦的一幕尚历历在目，您千万不能重蹈秦二世胡亥因宠信宦官而亡国亡身的覆辙啊。汉高祖听完樊哙这个连襟的一番肺腑之言，开始还觉得没什么，心想，“我打下的天下，我想怎么玩就怎么玩，你管得着吗”，但当樊哙提到赵高乱秦这个血淋淋的教训时才真真地点醒了刘邦，刘邦笑着一跃而起，上朝听政去了……

纵观樊哙的进谏历程，可以发现樊哙进谏的反危机色彩很浓，樊哙通常只有在刘邦面临严重的政治危机的时候才会进行进谏，而且进谏的内容大多都是事关生死存亡的重大事项，至于日常生活中的那些鸡毛蒜皮的琐事，大将军樊哙大概既没有兴趣也没有时间事无巨细地进行进谏，毕竟谏臣仅仅是樊哙将军的副业，他的主业还是那个攻无不克、战无不胜的常胜将军。

魏征的进谏之道

说起魏征，人们的头脑中总是浮现出那个犯言直谏、面折廷争的倔老头，这也许是影视作品中魏征留给世人的传统刻板印象。其实，历史当中真实的魏征远比这一形象更加丰满、可爱，以至于唐太宗李世民有一次在魏征进谏之后评价魏征“人言魏征举止疏慢，我视之更觉妩媚”。笔者认为，“妩媚”二字应该是作为一个谏臣最不容易获得的评价，而魏征能荣获唐太宗的“妩媚”评价，一方面说明魏征的进谏具有高度的艺术性，另一方面也体现出魏征的情商可真不是一般的高。

在古代，进谏说到底就是给皇帝挑毛病，说一些皇帝不爱听却有利于国计民生的话，因此被有些人形象地称为“忤龙鳞”。向皇帝进谏可不是一项轻松的活计，具有高度的危险性，一个不注意轻则丢官去职，重则人头落地。在唐太宗李世民执政时期，魏征的本职工作就是进谏，通过向唐太宗进谏，魏征不但官越做越大，官声越来越隆，而且唐太宗对他的信赖也是与日俱增，后来甚至到了须臾不可离开的地步。下面我们就来细细地品味一下魏征进谏之道的高明之处。

一、进谏的前提：知己知彼，百战不殆

进谏的目的是让皇帝接受自己的意见或建议，改正错误或缺点。

通常来讲，要想进谏成功就必须先了解纳谏者，需要了解的内容很广泛（包括脾气、秉性、爱好等），其中最需要了解的又是纳谏者的爱好，然后进谏者再有的放矢地进行进谏，投其所好。魏征作为历史学家对于唐太宗李世民是有着深刻了解的。说到古代帝王的爱好，有些人喜欢纵情于声色，有些人热衷于出外巡游，有些人好搞封禅大典，凡此种种、不一而足。具体到魏征的主子李世民，可以说是个怪皇帝，他不爱酒色也不爱巡游，如果非要说他有什么特别的爱好的话，那他最热衷于做一个前无古人后无来者的明君。如果说李世民也有中国梦的话，那“明君梦”毫无疑问就是他的中国梦。对于这一点，魏征是看在眼里记在心里。因此，可以肯定地说魏征作为一个谏臣之所以取得了史无前例的成功，在很大程度上也是因为魏征帮李世民圆了他的“明君梦”。

要想进谏成功，除了对纳谏者有充分的了解外，进谏者对自己，特别是自己在纳谏者心目中的地位要有充分的了解。从出身上来讲，魏征出身于瓦岗和太子李建成一党，不但不属于李世民的嫡系，而且属于从敌对阵营里反正过来的人，用现在的话来说就是属于统战工作的对象。投诚之初，魏征并没有获得李世民的信任，李世民也没有打算安排魏征担任颇具实权的官职，还屡次借故对魏征进行试探、考察。出于收买李建成余党及弥合因玄武门之变而分裂的朝廷的实用主义考虑，李世民安排魏征担任了有职无权仅仅用来装点门面而且还是专门得罪人的谏官职位——谏议大夫。对于李世民的种种用心，魏征也是心知肚明，但是魏征的难能可贵之处就在于他能抓住机会在谏议大夫这个虚职上干得风生水起，以至于功成名就。魏征深切地懂得，自己作为一名谏官，只要秉公进谏是没有政治风险的，因为李世民还要倚靠他这个从敌对阵营里反正过来的人来帮他圆“明君梦”。

有了知己知彼这个大前提，魏征就可以放心大胆、毫无顾虑地向唐太宗李世民进谏了。

二、进谏的方法：比较法＋直言不讳法

魏征进谏首选的方法就是比较法，比较法是魏征最常用也最有效的进谏方法。所谓比较法就是魏征在进谏时，总是将唐太宗李世民的所作所为与历史上的明君或昏君的所作所为进行比较，从而使唐太宗接受自己的进谏，改正错误的方法。

贞观之初，魏征就向唐太宗进谏说，愿陛下让臣成为流芳千古的良臣，不要让臣成为杀身成仁的忠臣。唐太宗有点被魏征说蒙了，就问魏征忠臣、良臣的区别。魏征继续说，三皇五帝时期的契、咎陶是良臣，而夏商时期的龙逢、比干则是忠臣，契、咎陶等人不但自身获得了良臣声誉，而且也促使尧舜等人成就了明君的美名，子孙世代相承，福庆传之无穷，龙逢、比干等人空有忠臣之名，不仅本人受祸被杀，而且也让君王成为暴君而遗臭万年。唐太宗听后很高兴，心想如果你当了良臣，那我不就是明君吗，这不正是我梦寐以求的明君梦吗。笔者认为，李世民与魏征君臣之间的这段对话奠定了以后魏征进谏—唐太宗纳谏这一行为模式的一个心理基础。在以后的进谏过程中，魏征总是将三皇五帝等明君作为唐太宗李世民行事的参照物，而将桀、纣、杨广等暴君作为唐太宗李世民行事的反面教材。

当需要进谏的事情比较重大或者紧急的时候，魏征就弃用迂回曲折的比较法而采用直言不讳的方法进谏。例如，有一次，唐太宗到九成宫一带巡游，趁机临幸九成宫，就把宫女们安置在围川县官舍。尚书右仆射李靖、侍中王珪等大臣随后到来，县官就将宫女们移出，腾出官舍给李靖、王珪等人居住。唐太宗得知以后，以为李靖、王珪等大臣作威作福，不把他这个皇帝放在眼里，非常生气，于是下诏审讯李靖、

王珪等人，打算严惩。魏征赶紧直言进谏，大意是李靖、王珪都是陛下的股肱大臣，宫女们只不过是皇帝后宫的打杂奴仆，大臣巡视地方，地方官要向他们咨询国家的方针政策，在返京后，陛下还要查问大臣们被巡视地区的民情，官舍本来就应是大臣召见地方官员的地方，地方官也理应在官舍拜见巡视的大臣，因此李靖、王珪等人的行为符合国家的法度，如果因此而审讯他们，不但违反了国家的法度，而且将大失天下的人心。至此，唐太宗幡然悔悟，赶紧将李靖、王珪等人释放。

三、进谏的底线：心底无私天地宽

魏征虽然是位忠贞之臣，但是他偶尔也会干干替违法乱纪的人说说情、打打招呼之类的事情，当然魏征在干这一切的时候纯粹是出于公心，是站在国家利益的立场上行事，至于他的个人私事，他是不会向皇帝开口的，正所谓应了那句话“心底无私天地宽”。

有一次，有人向唐太宗告发大将军薛万均在攻占高昌国后，与高昌国的妇女乱搞男女关系。唐太宗听后很生气，下令将涉案高昌妇女羁押在大理寺，准备大张旗鼓地查办薛万均。魏征听说此事后，立即向唐太宗进谏，大意是说，薛万均是国家的栋梁之才，只有皇帝对大臣以礼相待，大臣才会用忠心侍奉皇帝，现在仅仅因为怀疑薛万均私通妇女就让他与一个亡国之女当庭对质，无论结果如何都是得不偿失，古代的秦穆公尚且因给盗马的野人喝酒而得到厚报，陛下德超尧、舜，难道连区区一个秦穆公都不如吗？唐太宗听后很是惭愧，赶紧将薛万均和高昌妇女都给放了。

魏征在守住进谏底线的同时，也会把握“直接”和“公开”这两个进谏的小原则。魏征在进谏的时候总是有一说一有二说二，从不藏着掖着，皇帝做得对就是对，不对就是不对，也从不在背后搞小动作、小帮派，暗地里说皇帝的不是，更没有形成自己的政治小圈子、小山头，可以说是个名副其实的孤臣。也许正是有基于此，唐太宗对于魏征这个谏臣是既信赖又放心，这也直接提高了魏征进谏成功的几率。

综观魏征的进谏之词，虽不乏言辞激切、慷慨激昂之语，但静下心来细细品味，却忽然发觉好似在给迷恋于“明君梦”的唐太宗挠痒痒，唐太宗从心底里感到舒坦，也可以说是魏征在进谏的同时也是在拍唐太宗的高级马屁，当然，这样的高级马屁只有名臣魏征敢拍也只有魏征会拍罢了。话又说回来，如果既能让唐太宗欣然纳谏又不至于恼羞成怒，有这样两全其美的好事，魏征又何乐而不为呢？

李白为何会仕途失意

以前闲来无事的时候，我总喜欢找个僻静之所，边欣赏周遭的美景边品评李白的诗歌，沉醉其间，既被诗人的才华横溢、豪放不羁所折服，又为诗人在仕途上怀才不遇、壮志难酬的人生境遇而打抱不平。于是乎，往往不加思索、人云亦云地将李白仕途失意的板子打在不能识人、用人的唐玄宗身上，或者说打在所谓的腐朽、没落的封建政治制度上，而绝少也不愿意对此问题进行深入的思考、追问。近日，笔者重读史书，经细细品味，忽然发觉李白对自己仕途上的失意负有主要责任。

先从李白仕途当中最重要的一次人生境遇说起。天宝初年，四十岁左右的李白在游历完祖国的大好河山之后，与友人吴筠一道来到了当时的国际大都市——长安。经大诗人贺知章推荐，李白被唐玄宗在金銮殿召见，唐玄宗礼贤下士，对李白的才学十分赏识，不但七宝床赐食、亲为调羹，而且给他封了个翰林供奉的散官。至此，李白实现了从一名社会闲散人员到朝廷官员的转变。但是，李白并没有珍惜这来之不易的机会，放荡不羁的性格难改，时不时地与一帮酒友出入妓院酒肆，经常喝得酩酊大醉，与贺知章、李适之、李王进、崔宗之、苏晋、张旭、焦遂等人并称“酒中八仙人”。有一次，唐玄宗坐在沉香子亭，忽然来了兴致，想要李白陪侍，急召李白入宫觐见，而李白早已喝得不省人事，结果可想而知，自然是龙颜大怒，扫了皇帝兴致。没过多久，李白再次应诏陪伴唐玄宗饮酒、作诗，喝着喝着就喝高了，也不知道是真喝多了，还是为了显摆，李白做了一件傻事，竟然让高力士在大庭广众之下为他脱靴子，高力士当时迫于情势没办法还真给李白脱了靴子。这一脱，李白在精神上是舒服了，可也把高力士彻底得罪了，于是，高力士就时不时地给李白暗暗使绊子，有几次唐玄宗都想给李白放个实缺，高力士从中作梗，硬是给坏了李白的好事。后来，唐玄宗也烦了李白，李白自知在朝廷官场混不下去了，只得引退还山，就这样，李白这次出仕就草草收场了。

按道理说，李白这匹千里马有唐玄宗这个超级大伯乐的赏识，在仕途上应该是风生水起、前途无量，但实际情况却正好与此相反，原因何在？如果从李白身上找原因，笔者认为有以下几个：首先，李白对自身的定位有问题。李白被封为翰林供奉，唐玄宗对他的定位也就是娱乐界的高档从业人员，当皇帝高兴或不高兴的时候陪自己喝喝酒、做做诗，仅此而已，并无意也不会让李白担任卿相之位治理国家，而李白自己反倒对这一问题是没有清醒认识的，他总幻想着有一天能在政治上有一番作为。其次，李白的性格有缺陷。李白在成为朝廷官员之后，本应该好好地改改他那天生的放荡不羁、桀骜不驯的性格，但是他就是不甘寂寞，时不时地违反工作纪律，上班期间经常喝得酩酊大醉，这种情况拿到现在来说是严重违反“中央八项规定”的顶风违纪行为，即便是放在唐代的官场，这也是一种有违官体的恶习。再次，李白的情商有问题。这可以从李白让高力士脱靴子这件事来佐证。高力士作为朝中权贵，倘若是换了一般人那肯定是巴结还来不及，李白作为一个初来乍到的官场新人不去巴结也就罢了，还用脱靴子去羞辱高力士，这不是作死又是什么，这也难怪高力士后来给他使绊子、打小报告。笔者认为，李白作为一个有志于仕途的中年才俊，羞辱高力士的行为不仅不可取而且很没有必要，唯一可能的解释就是李白的情商实在是太低了。

李白离开长安后，写了一首流传千古的长诗《梦游天姥吟留别》。其中的诗句“安能摧眉折腰事权贵，使我不得开心颜”被许多人解读为李白蔑视权贵，不愿与权贵同流合污的体现，其实，笔者认为与其说是体现了李白蔑视权贵不愿与权贵同流合污的清高，倒不如说是李白在仕途失意后所产生的一种吃不到葡萄就说葡萄酸的心理。如果说上面的实例印证的仅仅是李白性格的缺陷，情商不高等问题，那么下面的这则事例则直接体现了李白政治上的短视。

天宝十四年，安史之乱爆发，李白暂时避居庐山。这时候的李白五十多岁，已经进入了人生的暮年，但是此时的他始终在退隐林泉与济世安民之间摇摆、徘徊，想要济世安民可惜没有舞台，想要退隐林泉而又心有不甘。恰在此时，发生了一件影响李白晚年的大事。天宝十五年，因安史之乱逃离长安的太子李亨在甘肃灵武城南楼即帝位，史称唐肃宗。因唐肃宗即位是在非常时期的非常之举，身兼山南东路、岭南、黔中、江南西路四道节度使的永王李璘并不臣服这位新皇帝，打算在江陵起兵谋乱。永王李璘在谋乱的过程中，为了扩大政治影响，邀请李白、萧颖士、孔巢文、刘晏、高适等饱学之士入幕共举大计。此时正在江南的萧颖士、孔巢文、刘晏、高适等名士都以各种理由婉拒，而李白也许是出于政治投机的考虑，欣然前往入幕，拼力一搏。不久，李璘败北，李白随之受到牵连，被系浔阳狱。

也许有人会说，单凭参与永王李璘谋乱就断定李白在政治的短视是一种成王败寇的思想。其实，如果李白当时在政治上清醒的话，他是不应该参与李璘谋乱的，试想，当时唐肃宗占着天时、地利、人和的三重优势，永王李璘此时谋乱，无异于以卵击石，萧颖士、孔巢文、刘晏、高适等人在当时天下大乱的情形下之所以拒绝参与永王李璘的阴谋活动就是因为他们清醒地认识到李璘的谋乱根本不存在成功的可能性。对于参与永王谋乱这一人生的污点,暮年的李白后来也曾作过深刻反思。

当然,李白在参与永王谋乱后的悲惨遭遇却曾产生过一个出人意料的成果,那就是促成了一首不朽诗歌的创作。话说永王谋乱活动败北后,李白被流放夜郎,在取道四川赶赴被流放的夜郎的过程中,当船行至白帝城这个地方的时候,李白忽然得到皇帝赦免的喜讯,惊喜交加的李白在庆祝劫后重生之余,文思如泉涌写下了那首脍炙人口的诗歌《早发白帝城》。

李白在诗歌创作上无疑是成功者,但是在仕途上他却是个彻头彻尾的失败者。其实,诗人(特别是浪漫主义诗人)与朝廷官员这两种职业之间具有截然不同的风格和要求。浪漫主义诗人所具有热情奔放、放荡不羁的气质与朝廷官员这种身份所要求的内敛、妥协、忍耐的风格具有内在的紧张关系,浪漫主义诗人在踏入仕途之后,如果不能妥善处理这种紧张关系的话,往小了说有可能导致仕途失意、误人误己,往大了说则有可能上负皇恩、下害黎民。除去其他的因素,李白性格上的缺陷,情商上的问题,再加上他政治上的短视,注定了他在仕途上既不可能走远,也不可能走得顺畅。

古语说,国家不幸诗家幸,其实诗歌创作更多的是诗人个体化的情感体验、表达,因此,国家的这种不幸应当转化为诗人个体的不幸,才能为诗歌的创作提供更多的情感支撑,才能为诗歌的繁荣创造出更好的条件。李白的仕途失意对他而言无疑是一种苦难、折磨,然而正是这种特殊的人生境遇,既为李白的诗歌创作留下了丰富的素材,也为诗人自身留下了更多的情感体验,从而最终造就了一代大诗人李白。因此,李白仕途上的失意无疑让他引以为憾,但是对于唐代诗歌的发展而言何尝又不是一件幸事、好事,也许真是应了那句话“祸兮福之所倚,福兮祸之所伏”。

汉初大才子贾谊的意气人生

当谈到西汉初期的大才子的时候，人们总是自然而然地想到贾谊，人们既感佩他的激扬文字、远见卓识，更为他怀才不遇、英年早逝的悲剧结局而扼腕叹息，以至于一千多年后的宋代大文豪苏轼也为此专门撰写了一篇《贾谊论》，来探寻贾谊怀才不遇、英年早逝的真正原因。

贾谊是洛阳人，大约在十七八岁年纪，就以能诵诗属书闻名于郡县，以至于贾谊老家河南郡的吴姓郡守都知道他的鼎鼎大名。吴姓郡守是个爱才、惜才的父母官，也是贾谊生命中的贵人，不但将他延揽到郡县衙门任职，而且还隔三岔五就宴请贾谊。

本来，在既没有科举考试也没有公务员考试的西汉初期，要是没有特殊情况，贾谊将在他的老家河南郡风风光光地度过他的人生。然而，不久，贾谊的人生就发生巨大的转折。事情的起因是这样的，赏识贾谊的吴姓郡守因为政绩卓著以及曾是秦朝名相李斯门徒的缘故被汉文帝破格擢拔到中央政府担任廷尉职位，吴姓郡守在自己上调中央的同时，也把年轻有为的贾谊推荐给了汉文帝。

于是，汉文帝顺势将贾谊上调中央，担任博士职位。当时的贾谊二十多岁，意气风发，每每讨论问题时，贾谊总能言他人之所不能言，屡屡上演舌战群儒的好戏。汉文帝也特别器重贾谊，总是对他另眼相看，在一年之内就将贾谊破格擢升为太中大夫。

上调中央不久，为了报答汉文帝的知遇之恩，贾谊就整天琢磨怎样激扬文字、指点江山。后来，考虑到汉兴至孝文皇帝二十余年，天下和洽，他向朝廷提出“改正朔，易服色，法制度，定官名，兴礼乐，悉更秦之法”的一揽子改革建议。贾谊的改革建议说出了汉文帝想说而不便说的话，得到了汉文帝的支持，汉文帝也想顺势提拔贾谊担任三公九卿之位来推进改革。但是，贾谊的改革主张触犯绛侯周勃、灌婴等元老派的利益，遭到了这些老军头们的极力反对。于是，他们就采取下作手段，诽谤贾谊“洛阳之人，年少初学，专欲擅权，纷乱诸事”。由于当时朝政被周勃、灌婴等元老派把持着，面对元老派的掣肘，汉文帝也无可奈何。为了保护也为了历练历练贾谊，增加一下他的基层工作经验，汉文帝便将贾谊下放到长沙当长沙王的太傅，将他雪藏起来，以便日后重用。

贾谊年轻气盛、心高气傲，当然悟不到这一层，当他得知汉文帝把他贬到长沙这个地势低洼、气候潮湿的南方小城时，心里极度的失落与不平。在渡过湘水时，悲伤意乱而文思泉涌的贾谊写下了千古名篇《吊屈原赋》，其中的“斡弃周鼎兮宝康瓠，腾驾罢牛兮骖蹇驴，骥垂两耳兮服盐车。章甫荐屦兮，渐不可久。嗟苦先生兮，独离此咎！”与其说是他在凭吊先贤屈原，还不如说他是在自哀自怜、妄自菲薄。

其实，此时贾谊的情境和屈原沉渊之时的情形完全不同，贾谊完全用不着悲伤，一切都还来得及，而这也就反过来说明贾谊识见不足，常常书生意气。试想，彼时，楚国国势日颓，奸臣当道，屈原惨遭放逐、回归无望，上不能为国尽忠，下不能躬耕垄亩，归隐田园，迫不得已，只得沉渊以明志；此时，大汉王朝，国运日昌，汉文帝任贤使能、引为知音，贾谊虽说暂遇挫折，但其青春年少，来日方长，假以时日，必能春暖花开、建功立业。

贾谊也实在是脆弱，在长沙当了大概有三年的太傅，还是没能从沮丧的负面情绪中走出来，也许是得了抑郁症的缘故吧。丁卯年四月初夏的一个晚上，月明星稀，凉风习习，贾谊正和友人围坐在自家宅子里兴致勃勃的边赏月边吟诗作乐。突然，有一只长沙本地人叫作“服”的鸮鸟飞进他的宅子，停在了贾谊座位旁边。本来这也稀松平常，没什么，在长沙那地方这种情况也是司空见惯，但是贾谊触景生情，哀伤不已，非要占卜一卦，卦象显示“野鸟入处兮，主人将去”，再联想到自己被贬谪的境遇，以及生活当中的种种不适，误认为将寿命不长，悲痛伤感，又写下了一篇流传千古的名赋《服鸟赋》。

几年之后，汉文帝想起了还在长沙挂职锻炼的贾谊，想考考他的学问和才干，于是将贾谊征召回京城。贾谊接到调令之后，欣喜异常，不但以为可以借机离开长沙这个卑湿之地，而且以为汉文帝终于要重用他。回到京城后，汉文帝因对鬼神之事非常困惑，就找了个机会和贾谊对谈。汉文帝和贾谊相谈甚欢，不知不觉就到了午夜时分，在交谈的过程中，汉文帝不知不觉地总往贾谊那边靠。谈完之后，汉文帝发出了“吾久不见贾生，自以为过之，今不及也”的感叹。

可能是汉文帝认为改革的时机尚不成熟，也可能是汉文帝认为贾谊还需进一步锻炼，过了不久，出乎贾谊的意料，汉文帝任命他为梁怀王太傅。虽说梁怀王太傅这个职位不是什么实缺，但是也体现了汉文帝对贾谊的倚重，因为这个梁怀王可不简单，他是汉文帝的小儿子，深得汉文帝的宠爱，又颇通诗书，因此才有了此项任命。但是，贾谊却误以为汉文帝彻底抛弃了他。

贾谊当了梁怀王的太傅后，虽说与梁怀王相处得倒也融洽，但是他还是念念不忘地想回到汉文帝的身边，去推动自己的未竟之业。有一次，梁怀王因骑马一个不小心，从马背上掉下来摔死了，连个后代也没能留下。贾谊当时是既伤心又害怕，伤心是因为他认为这是自己这个太傅不称职，没能尽到照顾梁怀王的责任，而害怕则是因为贾谊以为汉文帝将要追究他的失职罪。于是乎，贾谊像个不经事的小女人一样，日夜哭泣，竟然断断续续地哭了一年多，而把自己当初的理想、抱负都丢到了爪哇国，哀伤过度以至于郁郁而终，时年仅三十三岁。

至此，贾谊结束了他那短暂而又饱含缺憾的意气人生。

苏轼在《贾谊论》中认为贾谊怀才不遇的真正原因是贾谊志大而量小，才有余而识不足，既不能忍，又不能等，以至于纡郁愤懑，英年早逝。苏轼的看法固然非常有见地，但是笔者认为苏轼并不真正的懂贾谊，历史当中真实的贾谊充其量只是一个有思想、有抱负而又年少轻狂、心高气傲的颇具书生意气的思想家、文学家，虽然他自己一直幻想着有朝一日能成为一名伟大的政治家，但是他的书生意气，他那既不懂得“忍”又不能“等”的性格，早就注定了他不可能成为一名伟大的政治家。既然如此，我们也就别再苛求西汉初期的大才子贾谊了吧。

汉初权臣周勃父子的衰亡

纵观我国数千年的文明史，父子二人先后出将入相、位及人臣，虽说不能说是空前绝后、仅此一例，但也绝对可以算是凤毛麟角、少之又少了，如果再加上他们先后都曾被捕入狱、身陷囹圄这种特殊的人生境遇，也许在整部中国古代历史当中也就只能找到周勃与周亚夫这对父子了。

想当初，周勃的祖先是卷县人，后来才迁到沛县。他的祖先们可能并没有意识到这次迁徙对于老周家的意义，实际上这次迁徙对于周勃家族的崛起至关重要，因为周勃在沛县将遇到他生命中的贵人——汉高祖刘邦。

由于没什么文化，找不到什么正儿八经的工作，年轻的周勃刚开始只有靠编蚕箔勉强维持生计，艰难度日，如果恰巧有乡邻办丧事，他也给吹吹箫、奏奏挽歌挣点零花钱以补贴家用。

当汉高祖刘邦在沛县斩白蛇起义的时候，周勃即以中涓身份投奔刘邦。在刘邦的领导下，周勃南征北战，从攻胡陵，下方与，南攻南阳，破武关、峣关，至咸阳，从龙入关，灭大秦王朝，后来又一路灭霸王项羽、灭燕王臧荼、灭韩王信等等。周勃的职位也由中涓一路而上，历经五大夫、虎贲令、威武侯，最终达到其人生的第一个高峰赐爵列侯，剖符世世勿绝，食绛八千一百八十户，号绛侯，就职太尉。

周勃能够一路升迁，位居帝国太尉要职，除了天生神力、英勇善战外，与刘邦的提携、倚重也不无关系。刘邦死前留下遗诏“周勃重厚少文，然安刘氏者必勃也，可令为太尉”。因此，周勃也可算是刘邦死后的托孤重臣。

虽说周勃的前半生很辉煌，但是他的后半生才是他得以名垂千古的关键。汉高祖刘邦驾崩后，孝惠帝登基，由于孝惠帝为人仁弱，朝政大权很快就被他的母后吕后把持着。吕后为人刚毅，颇有些政治手腕，辅佐刘邦平定天下，像韩信、彭越这些功勋宿将都是被她设计诛杀的。吕后称制后，为了扩张势力，议欲立诸吕为王，开始学习赵高的方法，玩起了考验大臣的把戏。有一天，吕后问右丞相王陵能不能给她的几个娘家人也封王。王陵是个直臣，少戆，不懂权变，说：“高帝刑白马盟曰‘非刘氏而王，天下共击之’。今王吕氏，非约也。”吕后听后，老不高兴了，又将同样的问题抛给绛侯周勃。周勃善于察言观色，老奸巨猾，说：“高帝定天下，王子弟，今太后称制，王昆弟诸吕，无所不可。”右丞相王陵因为自己的正直付出了沉重的代价，由实权在握的丞相被吕后明升暗降，贬为有名无实的皇帝太傅，而看似木僵敦厚的周勃则稳坐太尉之位。

过了几年，吕后也归了西。为了权力继承问题，以齐哀王刘襄、硃虚侯刘章、东牟侯刘兴居等人为代表的刘氏集团和以赵王吕禄、吕王吕产等人为代表的吕氏集团展开了对决。刘氏集团树大根深、枝繁叶茂，吕氏集团执掌京畿、手握军权，双方倒也是势均力敌，此时胜负的关键是以周勃、陈平为代表的元老派的立场，可以说元老派倒向哪边，哪边就将胜出。

历史的结局是元老派周勃、陈平等人与刘氏集团结盟，将吕氏集团消灭的干干净净、彻彻底底。可是，旧的问题解决了，新的难题又来了。由于孝惠帝膝下无子，选谁当皇帝呢？这真是个问题。有人说，齐哀王刘襄在平定诸吕叛乱中立有大功，又是高祖的长孙，理应承继大统，登基为帝。这时又有人说，刘襄这个人选本来倒也不错，但是坏就坏在他有个老舅叫驷钧，恶戾，虎而冠者也，不是个善茬，就怕咱们别刚赶走了吕家这群饿狼，又迎来驷钧这只猛虎。经过一番激烈的争论，大臣们一致认为，代王刘恒宽仁，又是高帝的亲儿子，关键是代王母家薄氏仁义、厚道，大家心安。最后，周勃、陈平等人迎立代王刘恒为皇帝，史称汉文帝。周勃也因拥立之功，出将入相，晋升为右丞相。

周勃当上丞相之后，逐渐开始大大咧咧起来，对汉文帝也不再恭顺。于是汉文帝决定敲打敲打他，先是免了他的丞相之位，让周勃回到了封地，后来还借有人告他谋反的机会将他投入大狱。但是，老道的周勃很快就想出脱身之计，他先花重金贿赂狱吏，让狱吏给予通融，然后又花重金贿赂国舅薄昭，让薄昭找薄太后说情，最后还利用和汉文帝之间的儿女亲家关系进行四处活动，终于算是全身而退。

过了几年，周勃惊悸过度，去世了。后来，汉文帝在周勃儿子当中挑选了德才兼备的河内守周亚夫，继承了周勃的爵位。河内守周亚夫的成名与细柳营的历史典故息息相关，他就是这个典故的主角。

话说汉文帝六年，北方的匈奴大举寇边，形势十分危急。汉文帝为了防备匈奴，在霸上、棘门、细柳分别驻扎了三支军队，三支军队的指挥官分别是宗正刘礼、祝兹侯厉、河内郡守周亚夫。有一天，汉文帝去劳军兼检查防务。到了霸上和棘门的军营，检查团一行都是一路飞奔、畅通无阻，从最高指挥官到下属官兵都是骑马迎送。但是，当汉文帝一行到达细柳军营之后，一切都改变了，驻军官兵披持铠甲，弓弩张开，弓弦拉满，一副临战状态的样子。刚开始，皇帝的使臣想要进入营区，没有进得去，后来连汉文帝都吃了闭门羹。于是，皇帝派遣使者手持符节给指挥官周亚夫下诏令，皇帝要检查防务。周亚夫这才命令军士打开军营大门。汉文帝一行人到了中军大帐，将军周亚夫也不参拜，只是以军礼觐见汉文帝。面对此情此景，群臣们都替周亚夫捏了一把汗，以为他要倒大霉了。可是，汉文帝非但没有斥责周亚夫不敬，反而独具慧眼，对周亚夫颇为赏识，认为周亚夫治军严谨、军容整洁，部队很有战斗力，是治军的典范。不久，汉文帝便将周亚夫提拔为中尉。后来，汉文帝死前留下遗诏“即有缓急，周亚夫真可任将兵”。

转眼到了汉景帝三年，以吴王刘濞为首七个诸侯王以“诛晁错、清君侧”为借口开始谋反，史称“七国之乱”。刚开始，叛军一度势如破竹、摧枯拉朽，但是很快汉景帝就晃过神来了，任命周亚夫为太尉，率军平叛。不过数月，周亚夫通过“以梁委之，绝其粮道”的策略，将叛军打得落花流水。平定叛乱不久，周亚夫就升为丞相。话说回来，虽说周亚夫在平定七国之乱中立下大功，但是他也在是否出兵救梁国的问题上与汉景帝的亲弟弟梁王刘武结下了梁子。

不久，周亚夫又将汉景帝的母亲窦太后给得罪了。事情的起因是这样的，有一天，窦太后心血来潮，突然对汉景帝说，想将皇后的哥哥王信封侯，汉景帝一开始不同意，向母后说了一大通理由，后来汉景帝拗不过母亲，干脆把这个烫手的山芋推给了周亚夫，说封侯这事要征求丞相周亚夫的意见。周亚夫就以高祖“非刘氏不得王，非有功不得侯。不如约，天下共击之”的古训回绝了窦太后。从此，窦太后就恨上了周亚夫。

又过了一段时间，周亚夫把汉景帝也给得罪了。事情是这么回事，有一天，汉景帝在皇宫中召见周亚夫，想考验考验这个平叛功臣，于是在设宴的时候，故意只给周亚夫的席上放了一大块肉，既没有给切碎，也没有放筷子。这下，周亚夫不高兴了，扭头就叫伺候的太监去拿筷子和刀具。汉景帝看到此情此景，假装笑了笑说，这些都不能满足您的需要。周亚夫听出了皇帝的弦外之音，脱下帽子向皇帝谢罪。但是皇帝刚起身，周亚夫就趁机快步走出皇宫，直气得汉景帝生气地撂下一句话“此怏怏者非少主臣也”。

周亚夫没能通过汉景帝的忠诚度考核，不久，汉景帝就以有人告周亚夫谋反为借口将他投入大狱。周亚夫入狱之后，可没有他父亲那么幸运，能成功走出监狱的大门，也不像他父亲那样老奸巨猾，懂的四处去找关系疏通。最终，一代名将周亚夫饿死在监狱里。从此，汉初权臣周勃父子全部谢幕。当然，皇家还是讲人情味的，在周亚夫的爵位中断了一年后，汉景帝改封绛侯周勃的另一个儿子周坚为平曲侯，接续绛侯的爵位。

司马迁在评价周亚夫时说“亚夫之用兵，持威重，执坚刃，穰苴曷有加焉！足己而不学，守节不逊，终以穷困”。对于周亚夫的悲剧结局，司马迁将板子打在了周亚夫“足己而不学，守节不逊”上，而这固然是导致周亚夫悲剧结局的诱因，但是，笔者认为，导致周亚夫悲剧结局的深层次原因应当从当时的政治制度层面去寻找、去追问，正是当时封建皇权专制制度的内在制度缺陷才是导致周亚夫的悲剧结局的真正原因。

刘邦的用人之道

俗话说“得人才者得天下”。在秦末的楚汉争霸中,刘邦集团正是凭着强大的人才储备才最终打败了盛极一时的项羽集团。可以毫不夸张地说,刘邦是一个善于发现、使用、控制人才的大师级人物,探讨刘邦的用人之道不仅有助于研究秦末汉初这段历史,而且对于今天的我们也具有重要的借鉴意义。笔者认为,刘邦的用人之道至少具有如下几个特点。

一、不拘一格,唯才是举

首先,从人才的来源看,刘邦对人才的选拔可以说是真正做到了内举不避亲,外举不避仇。其中,既有和他家具有几世通家之好从小感情甚笃后来被封为燕王的卢绾;有吕后的妹夫他的连襟在鸿门宴中使他逃过一劫的樊哙;有为大汉王朝的建立立下汗马功劳的前公务员同事萧何;有屡次羞辱刘邦,刘邦对他恨得咬牙切齿而最终获得封侯的雍齿;还有从项羽集团中途叛逃过来而大获重用的韩信、陈平、英布等等。可以说,刘邦真正做到了人才来源的最大化。

其次,从人才的品性来看,刘邦手下的人才可以说参差不齐,泥沙俱下。其中,既有对刘邦忠心耿耿致死不投降项羽的周苛,有欺兄盗嫂贪污军饷而为刘邦屡立奇功的陈平,有毫无诚信屡屡向刘邦要官要封的韩信，还有见利忘义随风而倒的张耳。总之，只要是人才，不管品性如何，刘邦统统将其招致麾下，为其所用。

最后，从人才的提拔使用方式来看，慧眼识人，绝不论资排辈，能者上，任人唯贤。以韩信为例，开始韩信在项梁、项羽帐下效力，只是个默默无闻的郎中，韩信怀才不遇逃亡，转投刘邦军中，一开始也只是个不知名的连敖，还差点因为坐法被问斩。后来，经滕公推荐，韩信才当上了治粟都尉，又因为与心理预期落差太大，逃跑的老毛病又犯了，这才有了萧何月下追韩信的典故。经萧何向刘邦大力举荐，刘邦对韩信的见识、才干大为赞赏，随即连升数级将韩信破格提拔为大将。

二、因人而异，用人所长

刘邦手下的文臣武将能人极多，有的善于攻城略地，有的善于谋略决断，有的善于搞后勤工作，有的善于安抚百姓，凡此种种，不一而足。俗话说“尺有所短，寸有所长”，刘邦善于发现、发挥人才的特长，将各种人才所长简直用到了极致。除了众所周知的萧何、张良、韩信三人之外，刘邦对谋臣陈平的使用也特别讲究。

陈平人长得高大俊美，用周勃他们的话来讲就是“美丈夫，如冠玉耳”，喜欢仗剑四处游走，按道理来说性格应该很阳光，发展方向应该是攻城掠地的将军，从陈平所任职务都尉、护军都尉来看，似乎也应如此。其实不然，陈平的性格非常阴柔，正如他自己所言“我多阴谋，是道家之所禁，吾世即废，亦已矣，终不能复起，以吾多阴祸也”，善于使阴谋诡计，适合做谋士。项羽看不到这点，所以让陈平当将军攻城掠地，刘邦看透了，用陈平当谋士，对他言听计从，陈平屡建奇功。

在刘邦与项羽鏖战正酣，胜负难料的时候，陈平向刘邦献出了反间计。陈平先是利用重金收买项羽手下的部分将领，然后再利用这些将领进行造谣，说大将钟离昧因不得裂土而王将要与刘邦联手灭了项羽。项羽果然上当,逐渐开始怀疑钟离眛等大将,并开始派使者到刘邦处进行查访。于是,陈平将计就计,故意将项羽的使者误认为范增的使者,先是用大牢具等高规格进行接待,当得知是项羽的使者时改换恶草具的低规格进行接待,然后故意让使者报告给项羽。经过上述一连串的圈套,项羽果然中计,以为范增及钟离眛等人背叛他,不但赶走了谋士范增,而且离间了项羽与大将钟离眛的关系。此时,项羽就基本上已经成为孤家寡人了,离其灭亡也就不远了。

汉六年,有人告楚王韩信将要谋反,刘邦想趁机解决韩信尾大不掉的问题。于是,刘邦就向众将问计,诸将大都大言不惭地说直接发兵灭了他。刘邦很不以为然,于是征求陈平的意见。陈平认为,兵不如楚精,而将亦不及楚,直接发兵是自取危道,不如利用韩信不知道有人告他谋反的情况,通过伪游云梦,利用韩信不加以提防的心理,在其郊迎时将其擒获。刘邦采纳了陈平的计策,不费一兵一卒就解决了韩信的问题。

三、且用且疑,用防并重

萧何是刘邦夺取天下的三个关键性人物之一,也是刘邦以前的老同事,和他的关系一向很好,刘邦在夺取天下之后,封萧何为相国,功劳位列第一,赐带剑履上殿,入朝不趋。刘邦对他的评价为"镇国家、抚百姓、给傀馕、不绝粮道,吾不如萧何"。然而,刘邦在对萧何大胆使用越级擢拔的同时,也多次采取各种措施对他进行试探、防范、控制,从而将萧何牢牢地掌握在自己的股掌中,为其所用,防患于未然。

汉三年,刘邦与项羽在京索之间大战,战斗打得异常艰苦,刘邦胜少败多,还差点成了项羽的俘虏。此时,刘邦对萧何的忠诚产生了怀疑,于是刘邦对萧何的忠心进行了第一次试探、考察。试探、考察的方法是刘邦多次派遣使者对在大后方转运粮食、安抚百姓、补充兵员的萧何进行慰问。后来，萧何通过将子孙昆弟能胜兵者悉数送往前线的方式才打消了刘邦的疑虑。

汉十一年，陈豨造反，刘邦亲征。陈豨造反尚未平定，就在这节骨眼上，楚王韩信又造反了，好在吕后用萧何的计策诛杀了韩信。这时，刘邦又开始了对萧何的第二轮试探。试探的方式是给萧何额外增加了五千户的食邑，另外派遣一都尉率领五百人随时保护萧何的安全。当然，萧何很快就通过了刘邦的考核，不但让封勿受，而且将自家的很多财产拿出来充当刘邦亲征的军费。

汉十二年秋，大将英布又开始造反了，刘邦还是选择了亲征。在这次亲征过程中，刘邦还是时不时地派遣使者来询问萧何情况。但是，这一次刘邦心里打起了其他的小九九，刘邦开始担心萧何的功劳太大、民望太高而功高震主。萧何在他人的提点下，通过胡作非为、违法乱纪的方式败坏自己的名声，终于通过了刘邦新的一轮的试探、考察。

尽管萧何如此谨慎小心，但是刘邦为了防范、控制萧何，还是以莫须有的罪名将萧何械系之并下了廷尉。最后，在将萧何折腾一圈，确认萧何并没有夺权野心之后，才免了萧何的牢狱之灾。

总之，刘邦正是通过其高超的识人、用人、防人艺术在秦末的楚汉争霸中占尽先机，最终以少胜多、以弱胜强战胜了最初不可一世、盛极一时的西楚霸王。

刘邦的三次纳谏

在我国长达数千年的文明史中，谈到善于纳谏的君王，人们往往推崇唐太宗李世民，其实在李世民之前的汉高祖刘邦，也是一个特别善于纳谏的人。在刘邦波澜壮阔的人生长河中，他善于纳谏的例子比比皆是，本文仅列举其中比较著名的三次。刘邦通过这三次纳谏不但以一介布衣建立了大汉王朝，而且也为西汉初期政治经济的稳定发展打下了坚实的基础。

遥想秦末当年，群雄逐鹿，楚怀王命沛公刘邦率领起义军攻入咸阳。刘邦攻陷咸阳城后，秦宫的繁华景象令他大饱眼福，按《史记》所载"沛公入秦宫，宫室帷帐狗马重宝妇女以千数"，秦宫的财宝、美人可以说是应有尽有。刘邦本就是贪财好色之徒，按照他以往的一贯作风，肯定是要将秦宫的珍宝尽数收入囊中，将各色美娥揽入怀里，而刘邦当时也确实是这样想的，也正准备这样做。这时候，第一个出来谏阻的人是樊哙，樊哙是他的连襟，也就是吕后的妹夫，但是樊哙并没有能说服刘邦。第二个进谏的人是张良，他说正是因为秦朝无道，所以沛公才能攻入咸阳，如果沛公将秦宫的财宝、美人据为己有，那无异于助纣为虐。

刘邦最终谏纳了张良、樊哙的忠言，不但妇女无所幸，财宝无所据，并且封秦重宝财物府库还军霸上。试想，如果当时刘邦不纳谏，后果将是极为严重的，不但将失去天下的人心，为以后争夺天下增加阻力，而且可能有性命之忧。在随后的鸿门宴中，项羽之所以没有听信范增之言杀刘邦，一个重要的因素恐怕就是刘邦在攻占咸阳后并没有将秦宫的财宝、美人据为己有，否则，依项羽的性格，刘邦在鸿门宴上估计就在劫难逃了。

汉四年，刘邦集团与项羽集团两大集团之间在荥阳一带恶战，战况极其惨烈，刘邦明显处于下风，数次被项羽围困，还差点当了项羽的俘虏。此时，刘邦手下的大将韩信在平定了齐地几十城后却居功自傲，在刘邦与项羽之间骑墙，并不愿出兵攻打项羽。此外，韩信居然还以“齐伪诈多变，反覆之国也，南边楚，不以假王以镇之，其势不定”为由要挟刘邦，胁迫刘邦封他为代理齐王。刘邦听后，顿时火冒三丈，对韩信的使者大骂，并且扬言要剥夺韩信的兵权，撤了韩信的将军职务。此时，张良、陈平都向刘邦进谏，认为刘邦自身尚且难保，不应当也没有能力撤了韩信的军权，还不如答应韩信的要求，好让他尽快出兵攻楚。随后，刘邦醒悟过来，答应了韩信的全部要求，封韩信为齐王，还去掉了代理二字。此后，韩信迅速出兵南下，与刘邦一道围项羽于垓下，最终将项羽彻底打败。

当时，如果刘邦不纳张良、陈平的谏言，封韩信为齐王，促使韩信攻楚，会兵垓下，刘邦非但治不了韩信，而且还有可能促使韩信最终倒向项羽一边，楚汉争霸的结果，鹿死谁手，还真是犹未可知。

刘邦建立大汉朝后，又在皇位的继承人问题上犯了难。起初，刘邦立吕后所生的儿子刘盈，也就是孝惠帝为太子。但是，刘邦在得了定陶的戚夫人之后，因为宠爱戚夫人，爱屋及乌，遂想将戚夫人之子如意改立为太子，并且为此还找了一个堂而皇之的理由“孝惠为人仁弱，不类我”。后来，随着戚夫人的日益得宠及吕后的日渐失宠，刘邦更换太子的想法更加强烈与频繁，并且多次在朝臣之间进行试探。

在此时站出来进谏言反对更换太子的大臣很多,但是都不能说服刘邦。御史大夫周昌是个口吃,就数他据理力争最为激烈,据《资治通鉴》载御史大夫周昌曰“臣口不能言,然臣期期知其不可,陛下欲废太子,臣期期不奉召!”后来,刘邦出于安定政局等因素的考虑,最终采纳了大臣们的谏言,打消了更换太子的念头。

试想,如果刘邦不能纳谏,坚持更换太子,西汉将会是一个混乱的局面,如果更换太子,必然会在朝臣之间形成两个壁垒分明的派别,一个以吕后为首,另一个以太子如意为首,两个集团之间必然明争暗斗,党同伐异,水火不容,而这不但不符合天下人心,而且极有可能会动摇汉朝的统治基础。当是时,西汉草创,民心思治,统治集团刚刚实行马下治天下,信奉黄老的无为而治思想,套用现在的话来说就是“稳定是压倒一切的硬任务”。因此,刘邦的此次纳谏对于西汉初期的政治稳定发挥了极为重要的作用。

总之,能否纳谏不但体现了一个人的品格、素养,而且关系到人生的成败,甚至于国运的兴衰。汉高祖刘邦正是因为在事业发展的关键时刻,能够谏纳忠言,才成就了其以一介布衣,手提三尺剑,最终开创大汉王朝的宏图伟业。

尉迟恭何以能成门神

孩提时，每每临近年关之时，双亲无论事务多么繁剧总不忘在祖宅正门两侧各张贴一张门神年画，用以祈祷一家子来年能够平安、健康。据笔者观察，荣登咱家门神榜的牛人当中指定有那位面若黑炭、威风凛凛的唐代名将尉迟恭，每每此时，少不更事的我心底倒不太服气，尉迟恭不就是一个傻大黑粗的“猛张飞”，他究竟何德、何能、何神通千古扬名不说，还能百尺竿头更进一步被民间尊为驱鬼避邪、祈福求安的中华门神。直到最近，撰诸史料，笔者意外地发现尉迟恭作为千古名将在历史上的确是有如神一样的存在，其“勇”自然毋须多言，这是其得以安身立命之根本，更重要的是他还同时兼具“忠”与“智”以及行伍出身之猛将身上通常所稀缺的反省精神，而这，笔者以为正是尉迟恭得以荣登民间门神榜之荣誉殿堂的内在原因。

忠

门神第一位职责当然是要庇佑主人免遭侵害，因此，忠诚度就显得尤为重要，忠诚于主人就是其首要的品格。说到为人忠诚老实，尉迟恭称得上是个典范，不过，他的忠诚与同时代人有些许不同，不仅仅体现在对主子李世民的忠心不二，还表现在他对妻子、对婚姻的忠贞不渝。

话说“玄武门之变”前夕，太子一党与秦王一党争斗日渐白热化，为了知己知彼，双方都开展了一场向敌方阵营“挖墙脚”与“掺沙子”的运动。为了占得先机，太子李建成一党精心挑选秦王党中的左二副护军尉迟恭将军作为他们策反的对象、突破口，从表面上来看，尉迟恭确实是个不二人选，尉迟恭这人与秦王李世民的渊源不深，加入秦王党的时间不长，再加上此人乍看起来就是位四肢发达、头脑简单的主，最重要的是尉迟恭系穷苦人家出身，在投奔李世民之前是个卖力气的打铁匠，一辈子没过几天好日子，想必一通糖衣炮弹砸下去，阵前倒戈都有可能。为策反尉迟恭，李元吉也豁出去了，单一次就送了满满一车的金银珠宝给尉迟恭，且言辞卑微地说“愿迂长者之眷，以敦布衣之交”。谁知，尉迟恭竟然不识趣，不但拒收所送金银，还将李元吉狠狠地教训了一顿，只见他冷冷地回应道“敬德，蓬户瓮牖之人，遭隋末乱离，久沦逆地，罪不容诛。秦王赐以更生之恩，今又策名籓邸，唯当杀身以为报；于殿下无功，不敢谬当重赐。若私交殿下，乃是二心，徇利忘忠，殿下亦何所用”！完事之后，尉迟恭及时将李元吉利诱、策反他的情报报告秦王李世民，李世民听后很受感动，感慨道“公心如山岳，虽积金至斗，知公不移。相遗但受，何所嫌也！且得以知其阴计，岂非良策！不然，祸将及公”……

自古以来，皇帝笼络大臣的方式、方法无非是两样，要么是赏赐，要么是联姻，对于此类笼络大臣的传统套路，唐太宗李世民运用得驾轻就熟。这不，“玄武门之变”后不久，李世民为了笼络长孙无忌、房玄龄、杜如晦等肱骨大臣，接连将自己的三位公主下嫁给了长孙无忌、房玄龄、杜如晦等三位大臣的儿子为妻。

有一天，李世民忽然想起怎么忘了与“玄武门之变”的头号功臣尉迟恭联姻，心里很不是滋味，于是乎，李世民郑重其事地劝尉迟恭说，“女人如衣服，改换就得换”，并且提出要尉迟恭修了他的原配，然后将自己的爱女许配给他。这要换做是旁人，简直就像遇到了一件天上掉馅饼的好事，欣喜地可能要抓狂。可尉迟恭毕竟不是一般人，只见他立马叩头辞谢道“臣妻虽鄙陋，相与共贫贱久矣。臣虽不学，闻古人富不易妻，此非臣所愿也”。这就是关于尉迟恭将军的“糟糠之妻不下堂”的一个经典的故事。仔细体会体会，这个老古董的尉迟恭还真有点现代社会“暖男”的味道！当然，遇见那个“不开窍”的尉迟恭，李世民的联姻之路只好就此打住。

智

作为一个门神，除了有“忠”之外还得有“智”，否则自己尚且自顾不暇，如何庇佑主人。打铁匠出身的尉迟恭表面上看起来是个大老粗，其实，他憨厚的外表掩盖了他粗中有细、粗中有智的谋士底蕴。

“玄武门之变”前夕，秦王李世民手下的文臣武将们一个接一个被皇帝李渊逐出了秦王府，李世民本人差点就成了个光棍司令。本来，尉迟恭同样也被皇帝李渊发配去了外地，可是他的政治嗅觉灵敏异常，他隐隐感觉到秦王李世民正酝酿一盘大棋，于是乎，悄无声息地潜伏下来，时不时地给李世民出谋划策，极力主张李世民先发制人，对太子李建成一党采取断然措施。据《资治通鉴·唐纪》所载，尉迟恭向李世民陈情道“人情谁不爱其死！今众人以死奉王，乃天授也。祸机垂发，而王犹晏然不以为忧，大王纵自轻，如宗庙社稷何！大王不用敬德之言，敬德将窜身草泽，不能留居大王左右，交手受戮也”！李世民在决意发动政变解决太子李建成问题后，交给尉迟恭一项特别任务“将智多星房玄龄、杜如晦请回秦王府”。这任务其他都没啥难度，难就难在要绝对保密，防止走漏消息，特别要注意避开太子李建成一党的耳目。领受任务后，尉迟恭先联络到秦王李世民的大舅哥长孙无忌，共同去请房玄龄、杜如晦二人，一切妥当之后，尉迟恭决定四人兵分两路分别潜入秦王府，为避人耳目他让房玄龄、杜如晦打扮成道士模样以为秦王炼丹的名义跟着长孙无忌先进王府，自己则故意在长安大街上拐了几道弯、转了几个圈后才从另一条小道溜进王府……

“玄武门之变”成功后，秦王李世民在如何处置太子李建成、齐王李元吉的余党问题上遇到了难题。如何处理这一难题，无非是杀与不杀两条，当时主要有两种处置意见，一种意见也是当时的主流舆论，认为应当除恶务尽将李建成、李元吉等人的部属（特别是冯立、薛万彻、谢叔方等死党）以叛乱的名义全部处死，将他们的家产全部没收充公；另一种意见其实也就是尉迟恭一个人的意见，他以为“罪在二凶，既伏其诛；若及支党，非所以求安也”。此言一出，众人立马就服了，士别三日当刮目相看，当常人还在享受着报仇的快感之时，尉迟恭将军早就着眼于治国之道了。瞧瞧，尉迟恭将军是不是也有点政治家的素质与风范呢！关于这一点，唐太宗李世民后来也多次反省说，如果当初不是尉迟恭同志的坚持，在处置太子李建成余党问题上可能就要犯左的原则性错误。如果是这样，那就将在政治上留下长期的后遗症，那就得不偿失了……

反省意识

俗话说“人贵有自知之明”，其实，人只有不断地进行反省才能获得自知能力，所以又有了要“一日三省吾身”的说法。出身草莽的尉迟恭虽说原则上是位好同志，但是有时也是流寇习气难改，时不时还会犯浑。贞观六年，李世民治国理政渐有成效，社会安定、民风淳朴，李世民大悦，于是乎，大摆酒宴犒劳诸位功臣宿将，当时已是同州刺史的尉迟恭也风尘仆仆地回京赴宴。谁知席间尉迟恭喝着喝着就喝高了，他醉眼蒙眬地发现有人的席位竟然在他之上，很是不满，大怒不已，喝道“汝何功，坐我上”。见此情形，坐在他下位的任城王李道宗便赶忙出来打圆场、做调解。谁知，不调解还好，一调解尉迟恭更来劲了，竟然趁着酒劲将李道宗打了一顿，只见尉迟恭一拳打中李道宗的右眼，李道宗猝不及防，眼睛都差点被打瞎了。李道宗是什么人，他是李世民的堂弟，和唐太宗李世民的关系同样也非比寻常，与尉迟恭一样都是当时的天下名将。于是乎，当时两员虎将在酒桌上就差点对打起来，好在李世民及时劝解才平息当时的紧张气氛。经此一遇，唐太宗李世民震怒不已，他深知如此下去，非出大事不可，就规劝尉迟恭“朕见汉高祖诛灭功臣，意常尤之，故欲与卿等共保富贵，令子孙不绝。然卿居官数犯法，乃知韩、彭菹醢，非高祖之罪也。国家纲纪，唯赏与罚，非分之恩，不可数得，勉自修饬，无贻后悔”！李世民这番话几乎相当于给了尉迟恭将军一个严重警告处分。尉迟恭听完这一番推心置腹的话，磕头谢罪，后来就异常低调起来。对于自己易于冲动的老毛病，尉迟恭同志不断地进行检视，从此之后再也没有干过类似的不靠谱的傻事。

面对侯君集、张亮等昔日亲密战友后来皆因谋反被诛，尉迟恭陷入了深深的沉思，他决心修身养性，不再参与政治斗争中的是是非非。说来也怪，尉迟恭修身养性的方式、方法竟然是“炼丹”，他晚年谢宾客不与通，炼丹的时间长达十六年之久，尽管名义上是在炼丹，实际上却是利用炼丹来避世，真正践行了其一以贯之的“不惹事、少管事、不出事”九字箴言。虽说此后的政治派系斗争仍旧波诡云谲，但是尉迟恭秉持不参与、不卷入的原则与各派系之间都保持着适当距离，终于是做到了全身而退，功德圆满。

当然，尉迟恭能晋封为门神固然与其身上“忠”“勇”“智”及懂得反省等可贵品质息息相关，但是这其中也少不了唐太宗李世民对尉迟恭这个先进典型的大树、特树。试想，面对着侯君集、张亮等嫡系大将接连谋反的不利时局，树立尉迟恭这样一个忠君体国的贤臣、良将、好丈夫的高大形象进行对冲，不仅有利于大唐王朝弘扬主旋律、打好主动仗，提振军心士气，而且有助于树立唐太宗李世民知人善任的明君光辉形象。

俗话说“好在历史是人民写的”，这话固然不错，不过，茫茫史海，人民在书写历史时也只会根据自己的需求有所选择，有所取舍，颇具现实主义色彩。尉迟恭因其“忠”“勇”“智”及“反省精神”而被广大民众自发地进封为中华门神就是人民书写历史方式的例证。在我国漫长的传统社会中，国家给广大民众提供的公共服务极为有限，彼时科学技术又不甚发达，许多自然现象无法解释，在万般无奈的情形下，民众便只得将求助的目光转向了“神灵”，而我国偏偏又是个宗教传统缺失的国度，在传统宗教中并没有相应的为民众提供庇佑的“神”，于是乎，民众自发地将现实生活中的各种牛人加以神化，再加之在其间统治者的推波助澜，逐渐就形成了方方面面的“神”。虽说将尉迟恭这个门神张贴于家门上不可能真正为广大民众的安宁、福祉提供庇佑，但是如此行为，最起码可以给广大民众以些许心灵的慰藉，试想，如果在那些个雷电交加的雨夜能有个威风凛凛而又忠心耿耿的门神尉迟将军为主人站岗放哨，那他或她是不是也会由此睡得更加安心、香甜呢！

第三章

CHAPTER 3

家国情怀

万历年返乡有感

昔我往已，杨柳依依，梦里老家，风景独好。甲午年隆冬腊月庚申，雨雪纷飞，归心似箭，妻、女及余一行三人，搭乘 G487 和谐号高铁，经郑州、武汉、长沙诸地，于当晚辰时顺利抵乡。

今我思来，雨雪霏霏，江南福地，风采依旧。故乡系赣西北一个偏僻的山野村落，村落不大，名曰罗溪，零零整整住了几十户人家，典型的江南小村落，三面环山，丘陵地貌。前有农田数十顷，面积或大或小，地势忽高忽低，也可算是浑然天成，错落有致，暮春时节，春雨绵绵，村民们种上水稻、蔬果之属，金秋时节，丹桂飘香，粮食满仓，瓜果满地；村后大片竹林环绕，竹林郁郁葱葱，四季常青，早春时节，一场淅淅沥沥的春雨过后，春笋破土而出，三五日后，从地里挖出，配之以腊肉等物，就是一道色香味俱佳的春笋炒腊肉；村中一条小溪，清澈见底，蜿蜒曲折，穿村而过，溪边有十数块青石板，石板上或多或少都长有苔藓，早饭过后，村妇村姑，或独自一人，或三五成群，来到溪边，或漂洗衣物，或谈天说地，凡此种种，不一而足。

罗氏族人，自有唐一代，依山傍水，世居于此，农耕为业，耕读传家，历经数十代，虽子孙繁盛，然鲜有闻达于世者。鸟瞰村落，稻田、古樟、翠柏、竹林，一如既往，春意盎然；民居、祠堂、寺庙、里社，仿若当初，古色古香。数年来，村落变化最大者，莫若村民之居所，小洋楼，仿古楼，一幢幢、一排排，拔地而起，错落有致，掩映于古樟翠竹之中，别有一番韵味。

数十年来，西风东渐，东南沿海经济腾飞，赣鄱大地，经济盆地，村中青壮，或为生计所迫，或为事业有成，孔雀东南飞，或东出闽浙，或南下港粤，春节之际，无论远近，莫道穷富，尽皆返乡。一时间，人丁兴旺，罗氏族人，堂下宗亲，姑表亲戚，邻家友好，或嘘寒问暖，或高谈阔论，或觥筹交错，或聊表寸心，好不热闹，待春节一过，全村上下，一族人等，一切如故，各奔东西，唯余诸如邻家阿婆、留守儿童之类不能走抑或是走不了之人滞留村落，整个村落俨然变成一座空心村，尤显落寞寂寥。

北漂有年，游子返乡，或有人曰，汝初涉杏坛，本衣食无忧，何故北上帝都，漂泊人生，自甘困厄。对曰，人生虽苦短，如白驹过隙，然远方风景无限，余虽生也粗鄙，五短身材，三尺微命，一介草民，亦无妨拼力一试，尽览远方风景，或亦可建功立业，衣锦还乡。

或又有人曰，如若未能建功立业，衣锦还乡，则又当如何。对曰，人生之事，成之者，仅十之一二，世间事，当莫忘初心，不以成败论英雄，如若不然，待到含饴弄孙之年，再云当初如果如果，现在就如何如何之豪言壮语，纵然响彻云霄，亦只能是空悲切，白了英雄头，徒增笑耳。古语有云，埋骨何须乡梓地，人生何处不青山，套用一句时髦之语，中国梦，我的梦，有梦不追，终究是梦。

谨以此文，纪念我那魂牵梦绕的故乡及那些逐渐远逝的青春岁月。

有感于乔迁之喜

甲午年仲夏，历经年余建设，半载装扮，罗氏府邸，始告造毕。五月十八日，黄道吉日，经合家协议，吾妻操持，一家三口，举家迁入，始别漂泊生涯。新居之地，名曰绿地花都，虽偏安于京畿东北之一角，然群山环抱，山清水秀，苍翠欲滴，景色宜人，加之县府雄心，誓言建绿色国际休闲之都，宜居之所，尤为可期。

壬辰年仲夏，房产新政，将近尾声，楼市前景，晦暗难定，或曰楼市将旦夕崩盘者有之，或曰楼市将不温不火者有之，或曰楼市将看涨数十载者有之，凡此种种，不一而足，一时间，楼市内外，喧嚣异常。吾等屌丝，颇为困惑，若出手，唯恐作茧自缚，残生被套，若观望，又恐安居梦碎，余生漂泊。昔日，香山居士，常嘘嘘于久居长安之不易，而今，赣鄱罗君，亦感叹于蜗居中都之艰辛。彼时，妻身怀六甲，吾奔波于外，鲜有余暇思虑安居之事，然安居者，大事也，加之爱妻督之甚急，遂将此事铭记于心，遇有闲时，常徘徊于各色楼盘，流连于香居别墅。

绿地花都，绿地集团之名品也，源自于申城，盛名于海内，庚寅年底，始落户于密云。落地之际，乍遇楼市寒流，开盘之日，应者寥寥，无奈之下，祭出打折送礼之利器，喊出团购优惠之噱头，花都楼市，渐入佳境。夫妻二人，数次相商，面积户型，皆有定数，唯余楼市品名，或绿地花都，或涧桥山畔，或中加锦园，或海怡庄园，尚待裁决。鄙人建言，绿地集团，纳世界五百强之名录，归高层建筑者之翘楚，楼盘品质，园区绿化，皆为上乘，加之幼稚九园，同期建设，同期竣工，待吾儿长成，恰巧入学，爱妻颔首称是，遂裁定于绿地花都。

自古购房建屋以筹资为要，伉俪二人，虽薪酬微薄，然操持有度，尚有余钱十数万，高堂闻之，倾囊相助，赞助十余万，二者相加，首付足矣。壬辰年六月七日，晨曦微露，鄙人携重金五万余元，于售楼处前蹲守，交订金于售者，并定于六月二十日草签合约。签约之际，小女刚诞，爱妻体虚，遂建言，此等琐事，何烦夫人大驾，吾一人足矣。夫人不悦，曰："吾辈皆法科毕业，须知男女平等之常理，莫逞男尊女卑之能事。"吾遂无言，依夫人之计而行，共将夫妻二人之名载之于合约。

金秋九月，新居始付，夫妻二人，共议装扮事宜。赣鄱罗君，本性散懒，加之案牍劳形，甘当甩手掌柜，新居装扮诸般琐事，皆推之于夫人，并自诩为男主外女主内是也。堂客唐氏，生性聪颖，见多识广，门窗改造，家居采买，亲力亲为，精益求精。壬辰年底，大功告成。

古语有云，"安居乐业"，安居居首，乐业次之，安居者，安心也。今前事已毕，吾心笃定，所余之事皆为乐业，套用励志之言，愚将厚德载物奋发图强，他日或亦可乘风破浪直挂云帆。

获女有感

壬辰年仲夏，天象无异，烈日炎炎，颇为难耐，赣鄱罗君，客居京城，奔波有年，三十难立。幸有妻唐氏，年方三九，籍贯齐鲁，孔孟之乡，耕读传家，贤良淑德，贫贱不弃，携手共度。

庚寅年夏，毕业之期，欲求有寸功于天下，兼有养家糊口之迫，戮力公考，东临江浙，西奔巴蜀，大江南北，长城内外，皆留吾足迹也。元朝中都，燕王封邑，顺天府邸，首善之区，有司揽才，破地域出身之歧见，海内纳贤，建宪政法治之伟业。伉俪二人，心向往之，途经京考，比翼齐飞，皆成判官，遂定居渔阳。

遥想当年，邂逅西域，同窗之谊，两情相悦，虽经困厄，终成眷属。夫妻二人，月下相约，龙年若得子，小名“东东”，东者，日出东方，勇立潮头，人中龙凤之意也。若为千金，则称之为“之墨”，之者，常见于诗词歌赋，形虽至简，然内含笔墨书卷之气，谓之腹有诗书气自华也；墨者，乡梓之高山也，外展料峭挺拔孤傲凌云之姿，内寓威武不屈富贵不淫之意。之墨者，一文一武，相得益彰。

去岁初秋，意外之喜，颇为忐忑，父母闻之，欣喜异常，往来电讯，时常嘱之，偶问及龙凤，高堂心迹，小儿自察。然若为雏龙，长子嫡孙，传宗接代，后继有人，或亦可光耀门楣，福泽乡梓。若为雏凤，贴心可人，乖巧伶俐，待吾辈老时，亦有可侍，君不闻，北国民谚，千金乃父母之贴心小棉袄，加之若琢成小器，必喜难自禁。

今十月怀胎，一朝分娩，修得正果，喜获千金，六斤有余，体形微胖，天庭饱满，地阔方圆。古之君王文臣武将诸豪杰之士，临诞之时，或紫气东来，或灵光闪现，或流星划过，抑或山崩地裂之势，凡此种种，不一而足。待吾女降生，全无异象，吾心中嘀咕，乃一凡女也，怏怏良久。尔后，顿悟。前之君王诸色人等，或有出身卑微功至大成者，或有愚弄民众而洋洋自得者，或有蛮夷窃据中原而不自持者，抑或有居心叵测而有意造势者，其诞生之时，本无异象，待其举事之时，功成之日，或为愚其民，或为壮其胆，或为掩其瑕，或锦上添花，移花接木，无中生有，加之史官曲笔，江湖谣传，故有如上幻象。虽蒙蔽世人于一时，然斗转星移，偷天换日，终难堵黎民悠悠之众口，或腹谤于当世，或流传于后辈，徒增笑耳。

吾女虽生也平凡，然待其玉成之日，尚需漫漫数十载，其中际遇，实难占卜，乘风破浪直挂云帆也为未可知。为人父母者，止可尽护犊养育之责，切莫图他日得道，鸡犬尽升天。爱妻方醒，问计于千金芳名，无奈答曰，月下之盟，嫦娥为媒，吴刚佐之，何故相忘，夫妻二人，相视而笑，难负前约，大名“之墨”。千金大驾，遂临凡间，不知何故，啼哭难止，父母高堂，举手无措，唯有医者，术业专攻，见多识广，尽力周旋，医者仁心，由此可见。经此一役，责任倍增，喜哉悲哉，皆人之常情也。

关爱吾女者，或骨肉亲戚，或昔日同窗，或今日袍泽，抑或领导至尊，现谨以此文酬谢如上诸君，兼共庆吾女降生！

雨夜夜话

江南多雨，冬季亦如此。

春节返乡，也许是舟车劳顿，抑或是彻底放松的缘故，酒足饭饱之后，居然早早睡了。后半夜，忽然醒来，只听见细雨滴滴答答地敲打着屋顶，这声音太熟悉了，太亲切了，雨声虽不大，在半夜里却显得格外清脆，情调则是缠绵的。许久不曾在故乡的雨夜听见雨声了，思绪也就渐渐地回到了从前，回到了过往那些难忘的人与事，年代早已久远，印象是模糊的，然而，回味起来则显得愈加美好。

也许，这雨声击中了内心深处最柔软的那部分，独自品味总略显无趣，便想要与熟睡中的妻分享，于是乎，不管三七二十一，便把妻从睡梦中摇醒，然后，两人一起听雨，品生活，一开始，妻还能与我听雨，谁知听着听着，妻就坚持不住，又睡着了。当然，这也不能苛求妻，毕竟，她生于北方，北方少雨，自然，妻的生命里十有八九没有在雨夜听雨的体验与心境。

在雨夜“听雨”的情境下，成语“水滴石穿”突然跳入了我脑海。虽说“水滴石穿”这一成语的起源无从可考，笔者却深信，它多半起源于江南的某一地区。江南的梅雨季节，细雨淅淅沥沥地下起来，有时竟能持续两三个月之久，绵绵细雨，滴滴答答，好似未有穷期。当然，也只有在这样的雨水的千锤百炼之下，才能产生所谓“石穿”的神奇功果。想当初,“水滴石穿”后的印记,我是亲眼见识过的,不过,那就得将思绪拉回到我的童年。童年是在外婆家度过的,以前,外婆一家曾住过一栋老屋,老屋的历史据说长达好几百年,典型的江南老民居,坐北朝南,分为上下两个大厅,老屋最有特点之处就是老屋中间的天井,围绕着天井,前后左右共计有十几间房。说到天井,它的作用主要是排水,整个梅雨时节,雨水长期滴打在天井的底部,经年累月,整栋老屋屋顶的雨水基本上都先流入天井,再由天井下面的暗渠排出,纵观天井,它是由一块块大青石板铺就,你若瞅瞅青石板的表面,可以轻易地发现存在着许多小坑,或深或浅,或大或小,排列倒也不算整齐有序,而这些青石板上的小坑,毫无疑问,就是雨水长期滴注之后形成的印记。

思绪正随雨声越飘越远,隔壁房间却突然隐约传来说话声,又将我的思绪从童年拉回到了现在。不用说,这又是双亲在例行夜话,这可是我们家的老传统了。我依稀记得,从孩童时代起,父母亲就经常在每天的后半夜说些悄悄话。悄悄话的具体内容无非是些家长里短的琐事,或者是谈论些十里八乡的人物,或者是安排一下明天的家事,或者在如何教育子孙上“喋喋不休”……说话声忽大忽小,忽高忽低,一般来说,父亲的声音通常较大,母亲则是轻声细语,我想,这估计是他们的个性使然,父亲的性格就像江南春夏之交的暴雨,强悍无比却缺乏韧性,来得快自然去得也快,母亲的性格就像那江南梅雨时节的绵绵细雨,柔柔弱弱却富于韧性,因此,如果父母之间在某些事情上相持不下,母亲总是以夜半醒来、絮絮夜话的方式以柔克刚,可以想见,争论的结果总是以父亲服从母亲而告终。慢慢地,午夜夜话也就成了父母亲之间特殊的感情保鲜方式而相依相伴、相濡以沫数十载。而午夜夜话的情景通常是这样的,一觉醒来,大概是后半夜的三四点钟,父母亲就开启了他们的夜话模式,说着说着,其中或许还夹杂着些许争吵，到后来，声音逐渐越来越小，再后来，父母亲又重新进入了梦乡……

幸福的时光总是过得飞快，不知不觉，返京的日子快要到了，又是该与父母亲说再见的时候。过往，因为年轻，总不知乡愁为何物，而今，人到中年，我想，乡愁就是故乡江南那绵绵的夜雨以及雨夜中父母亲的夜话。风景旧曾谙，能不忆江南？

奶奶的三次婚姻

奶奶离开我已经整整二十年了，在这二十年里，或是午夜梦回时，或是孤独寂寞时，我总会有意无意地想起奶奶，想起那个历经岁月沧桑而仍然善良坚强的老太太。孩提时，也许是因为我是由奶奶亲手抚养长大的缘故，偶尔听奶奶讲起一些她的人生故事，其中印象最为深刻的，莫过于有关她的三次婚姻的故事。

二十世纪三十年代末，中日两国鏖战正酣，情窦初开的奶奶，经父母之命，媒妁之言，迎来了她的第一段婚姻。奶奶的第一任丈夫是邻村的一个老实巴交的农民，姓李，奶奶说我应该叫他“大爷爷”。大爷爷个子不高，人也不算英俊，没什么文化，但是他对奶奶倒也是体贴照顾有加。大爷爷有个姐姐，也就是奶奶的大姑子，军校毕业，是国民党的军官，和奶奶感情甚笃，每每返乡，总要和奶奶秉烛夜谈，唠嗑到午夜，然后同床而眠，大爷爷倒只能是独守空房，只有在一旁羡慕嫉妒恨的份了。如果说是平常世道，和平年代，奶奶也许将在相夫教子中平静地度过一生的美妙时光。

天有不测风云，七七事变后，日寇的铁蹄由北而南逐渐侵入了奶奶居住的家乡——赣西北的一个小山村。大爷爷在他姐姐的鼓励及奶奶的鼎力支持下，响应国民政府保家卫国的号召，加入了抗日队伍，成为国军中一员，司职机枪手。然好景不长，一个噩耗传来，大爷爷在上高会战中被日军的狙击手猎杀，壮烈牺牲。这对奶奶而言，简直就是晴天霹雳，当时，奶奶膝下共育有两个嗷嗷待哺的婴儿，一个刚三岁，另一个只有一岁。年轻的奶奶孤身拉扯着两个幼儿，生活着实是很艰难，也可以说是过不下去了，但没办法，奶奶仍然咬牙坚持着。

1945 年，抗日战争胜利了。不久，国共开始逐鹿中原，最终我党完胜。新中国成立前，奶奶的大姑子奉命撤往台湾，行前，因为挂念在老家艰难度日的奶奶，专程回乡动员奶奶一同前去台湾。也许是因为故土难离，或许又是舍不得一双年幼的孩子，尽管生活还是异常艰难，奶奶还是拒绝了大姑子的好意，孤零零地留在了老家。

几年后，有缘千里来相会，奶奶与我亲爷爷喜结连理。据奶奶讲，爷爷长得魁梧英俊，也颇通诗书，是个令乡党敬重的长者。按理说，爷爷应该是奶奶理想的人生伴侣，但因为爷爷在国民党时期当过保长的缘故，留下了人生的污点，这也为爷爷后来的悲剧埋下了伏笔。

在与爷爷结合之后，奶奶又相继生了姑姑、爸爸、叔叔等几个孩子。由于家里孩子多，参加劳动的人口少，挣得工分也少，爷爷奶奶一家日子过得异常艰难。在平常的时候，虽说日子不好过，但总能挺过去，奶奶一家最难熬的时候当属搞政治运动的时候。爷爷由于在国民党时期当过保长，尽管声名不错，为人也算谦和，但是在新中国成立后的很长时间仍然被打入另册，划为“四类分子”（四类分子特指 1940 ~ 1970 年，对地主分子、富农分子、反革命分子和坏分子这四类人的统称。分子指属于一定阶级、阶层、集团或具有某种社会属性的人）。每当村里开批斗会的时候，爷爷总是其中一个固定的批斗对象，有时候，奶奶和爸爸他们也得帮忙陪斗。好在爷爷平时人缘还不错，村民们在批斗的时候也算手下留情，奶奶一家总算没被逼入绝境。

“文化大革命”爆发后，奶奶一家的日子更加不好过。爷爷经常得接受村里的各种批斗会，身心俱疲，身体自然是一天不如一天，加上年龄大了的缘故，终于病倒了。没过多久，爷爷就过世了。此时，爸爸才11岁，叔叔才8岁。奶奶一家的生活顿时陷入了绝境。

这时，在村里好心人的撮合下，奶奶与村里的一个老鳏夫结合了。老鳏夫个子也不高，也没有什么特别的本事，但是人长得慈眉善目，显得特别和蔼可亲。也许是因为他本人没有孩子的缘故吧，他对我爸爸、叔叔他们特别的好。因为他长得瘦弱，在我小的时候，我经常调皮地称呼这位爷爷为“小爷爷”。

日子一天一天地过去，我父亲也一天一天地长大了。1974年，父亲初中毕业后，考上了本地的一所高中。由于他是“四类分子”的子女，村里有些人出于不太阳光的原因阻止父亲进一步深造。这可愁坏了奶奶和小爷爷。后来，奶奶灵机一动，在和小爷爷商量后，将父亲的户口迁到了邻村，父亲也就顺利地成了另一个村的村民。也许是邻村村民更加友善，也许是因为他们不太了解情况，总之，父亲顺利地进入高中学习。

改革开放后，我亲爷爷获得了平反，姑姑、爸爸、叔叔相继参加了工作，家庭负担也减轻了不少，奶奶一家的日子也逐渐好过起来。也许我是长孙的缘故吧，小爷爷对我疼爱有加，被他视作掌上明珠，每当他去山上放牛或是下田干农活的时候，总是在捎上我的同时，也或多或少地捎上一些零食，以便随时解我的嘴馋。而我，总是时不时地骑在小爷爷的肩上，一边唱着儿歌，一边做着各种鬼脸……

几年之后，小爷爷也病逝了。我不知道此时奶奶是什么心情，只记得小爷爷出殡那天，奶奶一整天水米未进，倚靠着小爷爷的寿材，双眼迷茫地望着远方……

贺共识网五周年

共识网，共者，众人之事，识者，见地思想，网者，连接之场所，简而言之，即众人交流思想弥合分歧之公共场所也。

北漂蚁族，年过而立，才疏学浅，偶于机缘，结缘贵网，劳作之余，不能自拔，答疑解惑，茅塞顿开，引为知己。

己丑之秋，共识之网，民间智库，呱呱坠地，源于香港，盛于大陆，媒体新锐，思想前卫，秉承中道，弥合左右，不走偏锋，九州网站，谁与争锋。

共识周总，领头之羊，深耕体制，深谙国情，晓畅国事，左右逢源，高瞻远瞩，登高望远。共识科力，内容总监，青年才俊，生于中原，成才京畿，中流砥柱，天妒英才，英年早逝，众人凄凄，引以为憾。

全球频道，视角独特，放眼世界，纵论天下，不论东西，遑论南北，洋为中用，切磋比武，不较输赢，引以为鉴。中国研究，中国问题，中国立场，普世方法，普世价值，普度众生，循序渐进，聚沙成塔，立场不变，方法全新。

在线讲坛，学者内容，提前预告，好恶自便，现场直播，高下立现，场内场外，内外互动，唇枪舌剑，精彩绝伦。人物春秋，明星板块，政坛巨臂，工商骄子，北漂蚁族，屌丝草根，无论褒贬，据实相告，雁过有声，人过留名。

学者讲坛，名家大腕，学富五车，悉数到场，诸子百家，家家不缺，百家争鸣，百花齐放，满园春色，春意盎然。历史解读，古为今用，上下千年，统筹兼顾，现代为纲，研究方法，实证价值，难分伯仲，历史三峡，尚在半途。

二次改革，尚待发力，民间智库，方兴未艾，共识网站，先人一步，抢占先机，再接再厉，助力改革，国家幸甚，民族幸甚！

漫话中日

华夏扶桑，同列东亚，大洋之畔，一衣带水，人缘相亲，风俗相近，自远古时代，海峡两岸，互有往来，取长补短，文明互鉴，徐福求道东洋，始见之于文字。

初，华夏文明，源远流长，天朝上国，东亚之轴，农耕文明，辐射四夷。有唐一代，鉴真东渡，佛光普照，阿氏使唐，求取真经，扶桑之国，无论政治经济，遑论文化建筑，皆仿隋唐，受益匪浅。

元末明初，东洋倭寇，袭扰江浙，烧杀掳掠，无恶不作，武士恶名，自始流传。幸有戚氏，砥砺新军，迎头痛击，所向披靡，东洋倭寇，望风而遁，中日两国，始相交恶。

十九世纪已降，西风东渐，欧美列强之工业文明，挟坚枪利炮强势来袭，中日两国，皆遭重挫。鸦片一战，天朝上国，威仪扫地，历史转型，一波三折，黑船来航，东洋岛国，转危为机，现代日本，开始起锚。东亚之古典文明，渐次没落，救亡图存，各开药方，历史转型，自此肇始，或洋务自强，或明治维新。

泱泱华夏，人杰地灵，曾公李公，督办洋务，师夷长技，欲求自强，曾几何时，洋枪火炮，亚洲领先，北洋海军，风头无两。然洋务运动，止于器物，强弩之末，外强中干，清朝国体，纹丝不动，官僚资本，垄断经济，凡夫俗子，仍为走狗，甲午之辱，皆源于此。

东洋岛国，蕞尔小邦，其命维新，明治天皇，一代英主，铲除幕府，立行宪制，国体政体，与时俱进，君臣同心，朝野一体，军事先行，羽翼渐丰。内阁首辅，伊藤博文，远见卓识，先占朝鲜，徐图中原，先北后南，远交近攻。

朝鲜之国，自远古始，藩属于华，没落帝国，帝国新贵，因地缘政治故，博弈于此，中日嫌隙，日盛一日。若论海军之实力，皆称旗鼓相当，泱泱中华，甲午风云，一败涂地，何也？综合国力之殊，非比寻常，中国如病狮，身躯庞大，关节失灵，被动挨打，日本如豺狼，身强体健，先发制人，拔得头筹。

经此一役，东洋倭寇，北占朝鲜，南吞台湾，狼子野心，渐次发酵。神州大地，救亡图存，戊戌君子，吐血法场，失意政客，莘莘学子，革命党人，皆师法日本，康梁师徒，鲁迅昆仲，孙文黄兴，或避难，或求学，或保皇，或革命，凡此种种，不一而足。

辛亥元年，满清王朝，气数已尽，分崩离析，共和初立，袁氏窃国，外媾日寇，献媚二十一条。日本伎俩，两面下注，上下其手，北洋军阀，革命党人，鹬蚌相争，东洋得利。

丁丑年夏，北平城郊，卢沟桥畔，七七事变，日寇侵华，史无前例，国共合作，共克时艰。东洋岛国，虽弹丸之地，然恃坚枪利炮，南北合击，寥寥数年，偌大个中华，半数皆入尔手。

乙酉年秋，国军共军，苏联红军，山姆大叔，携手同行，技高一筹，军国主义，穷途末路，东洋四岛，美军进驻，内政外交，皆受其节制。泱泱华夏，外患虽除，内战烽烟再起，仅数年功夫，国军败走麦城，我党入主中原。

新朝初立，中日两国，外交断绝，中苏结盟，美日联手，隔海对峙，老死不相往来。华夏古国，师法苏联，东瀛岛国，借力美国，合纵连横，纵横捭阖，好不热闹。中苏两邦，因地缘政治故，始乱终弃，苏强中弱，欲突出重围，必借力美日，抗衡北极熊。田中角荣，先人一步，打破坚冰，中日之间，相互借力，抱团取暖。

改革中兴，小平访日，求取仙药，再造中华，洋务运动，再次起锚。东洋之国，今非昔比，经济巨人，自信满满，踌躇满志，资本技术，尽皆输华。此间数十年，中日两国，虽偶有口舌之争，然大抵相安无事，华夏巨龙，再次腾飞，受益匪浅。

新千年已降，钓鱼岛争，日甚一日，此岛虽小，事关国运，山姆大叔，早布楔子，中日关系，名为双边，实则三角，三国演义，各显神通。安倍晋三，保守右倾，菱形外交，围堵中华，中日两邦，百年恩怨，貌似无解，实则有路。

环顾西欧，师法德法，反省历史，清算军国主义，政治和解，亚洲门罗主义，自主自强，经济融合，力推自贸，共创亚元，光明前景，当为可期。

第四章

CHAPTER 4

畅游天下

游泰山感怀

东岳岱宗，巍巍青山，五岳之首，山中至尊，久负盛名，如雷贯耳，孩提时代，即向往之，种种机缘，终未成行，壬辰之秋，杜君、翟君与吾，一行数人，游历泰山，得偿夙愿。

泰山景致，数不胜数，山巅观日出，尤负盛名，览日之地，皆曰观日峰最佳。丑时三刻，一行三人，欲览日出盛景，从中天门出发，拾级而上，百转千回，沿途人山人海，人声鼎沸，或是商贩叫卖，或是游人嬉戏，或是有司巡山，手碰着手，肩并着肩，黄发垂髫，乐此不疲。远处，一片漆黑，古树山峰，皆不可见，偶经一僻静处，忽闻泉水叮咚、溪水潺潺之声，虽欲觅其踪迹，然终不可得。漫漫征途，不见月光倾泻，亦无星光闪烁，唯余灯火时隐时现，灯火闪烁之处，多有小贩叫卖，所售之物，多为煎饼、棉衣之属，价码随山势而涨，倒也算是随行就市。

及十八盘处，山势颇为陡峭，攀登尤为艰辛，游人多在此歇脚，或立，或蹲，或倚，或卧，加油鼓劲者有之，唉声叹气者有之，沉默不语者有之，垂头丧气者有之……凡此种种，不一而足。杜君与翟君，饥肠辘辘，饥饿难耐，淘煎饼、玉米之物充饥，兼歇息片刻，尔后，继续攀登。经千余级台阶，人群中阵阵骚动，鄙人颇为诧异，只见远处一大门楼，时隐时现，借助于微弱之灯光，隐隐可见镶嵌于门楼正中央的“南天门”三个鎏金大字，众人皆知登顶在即。

卯时时分，晨光微曦，秋风斜斜，众人抵达观日峰，只见远处雾霭蒙蒙，山峦忽隐忽现，踪迹难觅，全无一览众山小之观感。忽然，阵阵山风袭来，风中还夹杂着些许露气，顿生寒风彻骨之感。抵近辰时，雾气仍未消散，世界仍是混沌，游客皆知日出之胜景不可得，出言不逊者有之，怏怏而归者有之，沉醉其间者有之，怡然自得者亦有之……杜君、翟君与吾，遂打道回府。

下山途中，雾气渐次消散，远处，青松翠柏，郁郁葱葱，苍翠欲滴，渐与山峰融为一体，近处，书法石刻，岁月不朽，随处可见，王侯将相书刻者有之，文人骚客书刻者有之，无名小卒书刻者亦有之，或霸气外露，或含蓄内敛，或随性飘逸，或底蕴厚重……偶遇数脚夫，个子皆不高，皮肤黝黑，负担数十斤，口无怨言，神情刚毅，默默负重前行，偶有不便周转之处，则停歇一旁，恭让游人先行，众人皆称其乃有先古遗风。

秦皇汉武，两代雄主，泰山之巅，封禅之礼，指点江山，或曰可上九天揽月，或曰可下五洋捉鳖。诗仙诗圣，文人骚客，或为纵情于山水，或欲不朽于石刻，皆以登顶泰山为荣。然，君不见，巍巍泰山今犹在，不见当年秦始皇，始皇尚且如此，况他人乎？东岳泰山，秀不及武夷，灵不及匡庐，奇不及黟山，险不及西岳，隐不及昆仑，然雄踞华夏名山之首，何也？自古名山之评定，以文化居首，景致次之，倘无深厚底蕴之文化，则纵然景致天下无两，亦鲜有闻者。东岳之地，文化之盛，以儒学为最，孔孟之道，华夏文化之主流也，源自春秋，盛于战国，称雄于历朝历代，薪火相传，延绵至今，尊泰山者，实乃尊儒学之传统文化也。

司马台长城游记

万里长城，历史遗迹，雄伟壮丽，气势磅礴，华夏文明，以尔为证，名虽蜿蜒万里，实则并未前后相接，浑然一体。世人皆称，万里长城，景致风光，以八达岭处为最佳。若论名气气场，此言大抵不差，然若较之于灵气情趣野性，以余之浅见，则其远逊于司马台长城。甲午之初秋，丈人、爱妻、小女与我，一行四人，于9月6日游历司马台长城。

初至山脚下，但见一湖，湖面宽阔，约有百余亩，湖水碧绿，水深静流，略显安详静谧，名曰鸳鸯湖。仰头眺望，两山之上的长城像盘旋着两条巨龙，隐隐约约，若隐若现，以鸳鸯湖所卧的峡谷为原点，龙头抵着龙头，互不相让，从龙头至龙身至龙尾，地势由低而高，两龙好似俯冲而下，颇为对称，貌似抛物曲线，又好似二龙戏珠。在那两龙龙身处，每隔数百米远，都有一座隆起之处，尽皆形态方正，颜色灰白，那便是古代点烟火示警的烽火台了。

一行四人，从山脚下，沿着曲折的小路，拾级而上。上山途中，小径的两旁尽有枣树、山楂树及其他不知名的杂树，或形单影只的矗立道旁，或一丛丛、一簇簇的抱团取暖，模样形态别有一番情趣。小女走着走着，突然不走了，大人们说抱着她走，她也不领情。众人皆知小女顽劣，一时竟也无计可施。小女突然说要吃枣枣，众人皆摸不着头脑，但见小女手指向的斜前方，正好有几棵小枣树，小枣树上稀稀拉拉地挂着些许或红或青的小枣。丈人急忙上山,摘了些小枣,塞给小女。小女想必是记挂着前方的枣枣,不再玩闹,于是,众人继续上路。

及至半山腰,定睛一看,两边山上的长城并非两条,而只是整条长城的两个部分,经过岁月的沧桑,长城的中间部分被毁,故而形成现在的模样。此时,回望鸳鸯湖,虽然湖水依然碧绿,但是湖面显得就不那么宽阔,它夹杂在两峰之间,反倒显得有点局促了。此刻,仔细端详,才发现鸳鸯湖并不是孤零零一个湖泊,而是由数个湖泊镶嵌连接而成,随着地势由低而高,湖泊则由大变小,从半空中俯瞰,好似一串晶莹剔透的葡萄。起雾了,湖面也渐渐地模糊起来,清风徐来,倒有一种烟波浩渺的感觉。

沿着盘山小路一路上行,约半小时后,便到了长城脚下。慢慢地,雾气消散了。登上长城,抚摸着灰白的墙砖,凝视着斑驳的城墙,抚今追昔,耳边好似响想起金戈铁马,征战沙场的号角,烽火台上也好似狼烟四起,杀声震天。回望鸳鸯湖,它好似镶嵌在两峰之间一条玉带,随风起舞,柔情若水,真不知点燃了多少戍边将士的思乡之情相思之苦。

四人沿着台阶继续向上爬。爬过两个烽火台之后,但见前方数百米城墙,尽皆断壁残垣,破败异常。我心中犯嘀咕,咋也不略作修葺,真是小家子气。无奈,只得继续向前。在爬经最险要之处时,我额头冒汗,腿脚打颤,心中忐忑,但仍忍不住往下望望,但见山下悬崖万丈,深谷空灵,在悬崖峭壁之间还挂着几株青松,长得倒也还算郁郁葱葱,真是无限风光在险峰!

正午时分,我胜利到达了长城的顶峰,极目远眺,重峦叠嶂,气象万千,变幻无穷,在崇山峻岭之间盘旋着一条长龙,分不清哪边是头哪边是尾,它一头连着过去,一头连着未来,好似无始又无终,消失在蓝天白云之间。

游“三孔”感怀

孔府孔庙孔林，简称“三孔”，雄踞曲阜城北，乃为纪念孔子而建。孔子，字仲尼，春秋时鲁国人，或曰万世师表，或曰文宣王，或曰孔老二，评价虽随时代变迁而迥异，然其对吾国影响之深远，则不辩自明。孩提时代，即欲往其诞生之地，一探究竟，种种机缘，终未成行，壬辰之夏，同窗王君、冯君与吾，一行三人，于十月一日同游“三孔”，遂得偿所愿。

孔林者，孔子及其后人埋葬之地，面积三千余亩，因其间坟冢众多，青松翠柏，郁郁葱葱，故有此名。王君、冯君与吾，一行三人，行至孔林门前，但见柏树百余棵，皆水桶般粗，并列成排，或树身笔直，或歪向一旁，或树干开裂，种种形态，不一而足。导游评曰，左边柏树七十三，象征孔子的阳寿，右边柏树七十二，象征孔子弟子中七十二贤者，然游人并不尽信。跨过门槛，登上游览车，一座座坟冢渐入眼帘，或大，或小，或高，或矮，或有墓碑，或无墓碑，错落有致，等级分明。穿过诛水河，复行数百步，夫子墓便清晰可见，墓碑高约三米，上书“大成至圣文宣王”七个大字。导游健谈，夫子生平功绩，典故传说，娓娓道来，众人皆陶醉其间，仿若时空穿越，尔后，依次拜别孔夫子。

别了孔林，便入孔庙。孔庙者，又称文庙、夫子庙等，庙宇十余座，乃拜祭文宣王之地，始建于春秋，初始仅陋室数间，后经汉唐宋元明清诸朝扩建,终有今日规模。孔庙之中,亭台楼阁,书法石刻,数不胜数,由正门往里,越往里,建筑时间越为久远。游孔庙者,人山人海,接踵摩肩,或是求取功名,或是文化寻根,或是舒缓身心,凡此种种,不一而足。孔庙之中,印象深刻者,莫过于各色石碑,或高,或矮,或宽,或窄,题字者,王侯将相居多,亦不乏文人骚客,贤者大儒,其中所述,莫不是先师之丰功伟绩等诸如此类,字迹或斑驳,或苍劲,在此不赘。端详其间,偶见石碑有修补痕迹,欲探其故,导游解惑,或为红卫兵所毁,或因雷公电母所致。

别了孔庙,便入孔府。孔府者,旧称衍圣公府,位于孔庙东侧,非孔老夫子之府邸也,实乃孔子嫡长子孙之府邸也,始建于宋仁宗宝元年间,占地二百余亩。三人抵达孔府正门,便见门上高悬“圣府”两个鎏金大字,两侧明柱则挂有楹联一副,上联曰:“与国咸休安富尊荣公府第”,下联曰:“同天并老文章道德圣人家。”众人穿过一狭长的庭院,便见孔府的第二道大门,俗称“二门”。民间有言之“大门不迈,二门不出”大抵源自于此。孔府之中,令人印象最深刻者,莫过于孔家后花园,假山、池水、石岛、水榭、曲桥、竹林、亭台等一应俱全,错落有致,相映成趣。

孔老夫子,生于春秋,当是时,天子衰微,礼崩乐坏,诸侯争霸,始创儒家,于道、法、墨诸家并称于世,以仁、义、礼、智、信游说于诸侯,屡败屡战,郁郁而终。数百年后,大汉武帝,罢黜百家,独尊儒术,于是乎,孔老夫子,极尽哀荣,儒家学派,几成国教,经唐宋元明清诸朝,历久弥新。同为夫子,生前身后,前倨后恭,何也?或曰:世事变迁也,儒家学说,能治天下,莫能争天下,春秋之际,群雄逐鹿,马上争天下,商鞅法家,赏功罚过,一断乎法,孝公用之,区区西秦,异军突起,名列五霸,法家学派,遂成显学,倘若诸侯取儒家之说争天下,必倒宋襄公之覆辙,故诸侯皆弃儒家,然,武帝之时,天下已定,人心亦思定,马下治天下，故儒家学说，仁义道德，粉墨登场，大行其道。或曰：普世价值也，儒家学说之礼义廉耻，人类社会须臾不可离，春秋战国，尔虞我诈，虽诸侯视儒家为敝帚，然公道自在人心，加之战国孟子，西汉董仲舒，北宋周敦颐，南宋朱熹，明代王阳明薪火相传，发扬光大，故对孔子有前倨后恭之说，亦故有孔府孔庙孔林存世。是乎？不是乎？

后　记

值此小集子付梓之际，循例要感恩一下为此书的写作、出版有所助益之人。当然，如此并非出自于一种客套之语，反道可以说是一种实事求是之精神。

首先要感谢之人，当推鄙人家中的那位堂客。诚然，这么说的目的并不是因为如果不这么说自己以后在家中的日子不会好过，而是因为这其实是一种“按劳分配”之必然结果。鄙人生性懒散，四体不勤，五谷不分，不屑说是家中的诸般杂务，就是日常生活之个人私务，我也是个能躲就躲，能推就推的主。如上诸事，自然少不了爱妻替我收拾、打理，勤劳其间，恐怕还难免遭受我的埋怨、指摘。除此之外，此书中的大多数小文章的第一位读者皆是家中堂客，你的睿智、识见，颇能使我灵光闪现，妙笔生花。在此，千言万语汇成一句话，老婆大人辛苦了！

其次要感谢之人，是我的一位老领导，密云法院的郃大明庭长。在密云法院共同工作的日子里，不仅彼此相处颇为融洽，而且郃庭长对我多有提点、指拨。此书的写作、出版，就是其不断鼓励、督促之功。

再次要感谢“海坛特哥”，通过它不仅结识了一大批志同道合的法律人，更重要的是籍此有幸结识了群主——北京市高级人民法院前法官陈特。“特哥”幽默的谈吐、高雅的气度，着实令人佩服。一个极其偶然的机会，经“特哥”引荐，我才得以结识知识产权出版社的齐梓伊主任。

最后要感谢知识产权出版社的齐梓伊主任和雷春丽编辑。你们严谨踏实的态度，精益求精的作风令我大受感动，没有你们的辛劳与付出，本书的出版是不可能的。由此，窥一斑而知全豹，也可以想见贵社的出版理念与服务水准。

罗杰奇

2016 年 9 月 2 日